Gestão educacional

SÉRIE CADERNOS DE GESTÃO
Heloísa Lück

- *Gestão educacional: uma questão paradigmática* – Vol. I
- *Concepções e processos democráticos de gestão educacional* – Vol. II
- *A gestão participativa na escola* – Vol. III
- *Liderança em gestão escolar* – Vol. IV
- *Gestão da cultura e do clima organizacional da escola* – Vol. V
- *Perspectivas da avaliação institucional da escola* – Vol. VI
- *Avaliação e monitoramento do trabalho educacional* – Vol. VII
- *Gestão do processo de aprendizagem pelo professor* – Vol. VIII

Dados Internacionais de Catalogação na Publicação (CIP)
(Câmara Brasileira do Livro, SP, Brasil)

Lück, Heloísa
    Gestão educacional: uma questão paradigmática / Heloísa Lück. 12. ed. – Petrópolis, RJ : Vozes, 2015. Série: Cadernos de Gestão

    8ª reimpressão, 2023.

    ISBN 978-85-326-3296-8
    Bibliografia
    1. Paradigmas de gestão 2. Gestão educacional 3. Gestão democrática e participativa I. Título.

Índices para catálogo sistemático:
1. Gestão educacional

Heloísa Lück

Gestão educacional:
Uma questão paradigmática

EDITORA
VOZES

Petrópolis

© 2006, Editora Vozes Ltda.
Rua Frei Luís, 100
25689-900 Petrópolis, RJ
www.vozes.com.br
Brasil

Todos os direitos reservados. Nenhuma parte desta obra poderá ser reproduzida ou transmitida por qualquer forma e/ou quaisquer meios (eletrônico ou mecânico, incluindo fotocópia e gravação) ou arquivada em qualquer sistema ou banco de dados sem permissão escrita da editora.

CONSELHO EDITORIAL

Diretor
Volney J. Berkenbrock

Editores
Aline dos Santos Carneiro
Edrian Josué Pasini
Marilac Loraine Oleniki
Welder Lancieri Marchini

Conselheiros
Elói Dionísio Piva
Francisco Morás
Gilberto Gonçalves Garcia
Ludovico Garmus
Teobaldo Heidemann

Secretário executivo
Leonardo A.R.T. dos Santos

Editoração: Ana Kronemberger
Diagramação: AG.SR Desenv. Gráfico
Capa: WM design

ISBN 978-85-326-3296-8

Este livro foi composto e impresso pela Editora Vozes Ltda.

Talvez não tenhamos conseguido fazer o melhor,
mas lutamos para que o melhor fosse feito.
Não somos o que deveríamos ser,
Não somos o que iremos ser,
Mas, graças a Deus,
Não somos o que éramos
　　　　　　　　(Martin Luther King).

Dedicatória

A série Cadernos de Gestão é dedicada a um conjunto bastante grande de pessoas com as quais tenho tido a oportunidade e o privilégio de me relacionar e de conviver, e que, por sua dedicação ao trabalho em prol da educação, e a vontade de continuar aprendendo para aprimorar sua atuação profissional, tem me estimulado a continuar escrevendo e divulgando ideias relacionadas ao trabalho educacional, em especial sobre sua gestão.

• A gestores de estabelecimentos de ensino brasileiros que acreditam na importância da escola para a formação de nossas crianças, jovens e adultos e na importância de seu papel para promover essa formação com qualidade. A partir dessa crença, vêm exercendo uma competente liderança, voltada para a formação de comunidades escolares coesas e comprometidas com a promoção de educação de qualidade. Da mesma forma, a partir dessa atuação, ao mesmo tempo, tanto pelo que ensinam como pelo que demonstram, seus alunos aprendem a se tornar cidadãos capazes e atuantes e a viver vidas mais satisfatórias e realizadas. Fazem-no mediante o esforço pelo desenvolvimento de fatores, como por exemplo: a) uma cultura organizacional escolar caracterizada pela participação e envolvimento de todos, de forma colaborativa, na superação das naturais dificuldades do processo educacional; b) competência pedagógica orientada para a gestão de processos sociais de aprendizagem significativa; c) unidade e direcionamento proativo no enfrentamento dos desafios educacionais.

• A todos que atuaram e atuam como coordenadores estaduais da Renageste – Rede Nacional de Referência em Gestão Educacional –, do Consed – Conselho Nacional de Secretários de Educação – e tantos quantos participam dessa rede, por sua dedicação voluntária ao estudo e à promoção de experiências inovadoras em gestão educacional, sua disseminação e o intercâmbio das mesmas. Dessa forma, deram vitalidade a suas comunidades educacionais, acreditando no princípio de que pequenos núcleos mobilizados para a transformação e melhoria, quando conectados em rede, promovem transformações significativas em seus contextos educacionais.

• Também aos coordenadores nas Secretarias Estaduais de Educação, do Prêmio Nacional de Referência em Gestão Escolar, um projeto do Consed, em parceria com a Undime, Unesco e Fundação Roberto Marinho, que assumem esse encargo extra em seu trabalho de gestão, para disseminar a prática de autoavaliação pelas escolas como condição de melhoria de seu desempenho. Por sua atuação desinteressada e comprometida, têm contribuído, dessa forma, para criar a necessária cultura da autoavaliação em nossas escolas, fundamental para o estabelecimento de ações focadas na melhoria contínua.

• Aos gestores escolares que lideraram em suas escolas a realização de um movimento de autoavaliação de seus processos de gestão escolar e se inscreveram no Prêmio Nacional de Referência em Gestão Escolar, contribuindo, desse modo, para o reforço e a melhoria dessas práticas de gestão e disseminação de boas práticas e referências positivas.

Em especial, é dedicado aos inúmeros profissionais da educação que têm lido meus artigos esparsos e manifestado, quando nos encontramos nos mais diversos eventos, seminários e cursos de educação, sua satisfação em tê-los lido e deles terem tirado alguma inspiração para orientar o seu trabalho. Suas manifestações revelam seu entusiasmo por estudar, refletir sobre o seu trabalho e buscar construir estratégias e formas para a sua melhor atuação.

Heloísa Lück
Cedhap – Centro de Desenvolvimento Humano Aplicado
cedhap@terra.com.br
Fone e fax: (41) 336-4242

Sumário

Apresentação dos Cadernos de Gestão, 13
Apresentação deste volume, 17
Introdução, 21

1. A evolução da gestão educacional: Uma mudança paradigmática, 33
   1.1. Problemas globais demandam ação conjunta, abrangente e participativa, 39
   1.2. Ação conjunta e participativa se associa a autonomia competente, 44
   1.3. A concepção de gestão supera a de administração e não a substitui, 46
   1.4. A concepção de administração e suas limitações, 57
2. A construção da concepção de gestão, 65
   2.1. Da óptica fragmentada para a óptica organizada pela visão de conjunto, 66
   2.2. Da limitação de responsabilidade para sua expansão, 70
   2.3. Da centralização da autoridade para a sua descentralização, 77
   2.4. Da ação episódica por eventos para o processo dinâmico, contínuo e global, 82

2.5. Da burocratização e da hierarquização para a coordenação e horizontalização, 86
2.6. Da ação individual para a coletiva, 92
3. Relação entre administração e gestão: Uma concepção integrada e interativa, 99
   3.1. Uma diferenciação de pressupostos, 102
   3.2. Uma diferenciação de organização de ações, 104
4. Palavras finais, 109

Referências bibliográficas, 113

Quadros

   01. Passagem da óptica fragmentada para a óptica organizada pela visão de conjunto, 70

   02. Superação da limitação de responsabilidade para sua expansão, 77

   03. Passagem da centralização da autoridade para a sua descentralização, 82

   04. Superação da ação episódica por eventos para o processo dinâmico, contínuo e global, 85

   05. Mudança da hierarquização e burocratização para a coordenação e horizontalização, 92

   06. Passagem da ação individual para a coletiva, 98

   07. Mudança de paradigma de administração para gestão – Pressupostos e processos sociais, 102

   08. Mudança de paradigma de administração para gestão – Organização e ações dos dirigentes, 105

Apresentação dos Cadernos de Gestão

O que é gestão educacional e escolar? Qual a relação entre gestão e administração? Qual a natureza do processo de gestão? Quais seus desdobramentos, dimensões e estratégias na escola? Quais as peculiaridades da gestão democrática participativa? Quais as suas demandas sobre o trabalho dos gestores escolares? Quem são esses gestores? Que ações de liderança são necessárias no trabalho de gestão? Quais as dimensões da gestão educacional? Como planejar, organizar e ativar estrategicamente o trabalho da escola? Como avaliar a gestão escolar e a atuação da escola?

Estas são algumas questões que os Cadernos de Gestão abordam com o objetivo de contribuir para que diretores, supervisores, coordenadores e orientadores educacionais reflitam sobre as bases da gestão, para o norteamento do seu trabalho, de forma conjunta e integrada, assim como para que profissionais responsáveis pela gestão de sistemas de ensino compreendam processos da escola e do efeito do seu próprio trabalho sobre a dinâmica dos estabelecimentos de ensino. Também constituem uma contribuição para que professores se familiarizem com concepções e processos de gestão, como condição para que, como membros da escola, participem de forma efetiva do processo de planejamento do projeto pedagógico.

Os Cadernos de Gestão integram, em vários volumes, questões específicas de gestão, procurando contribuir para: a) a iniciação nessas questões de alunos de cursos de Formação para o Magistério e de Pedagogia; b) a integração entre reflexão e ação por profissionais que atuam em âmbito de gestão educacional e escolar; c) o estudo crítico por alunos de cursos de pós-graduação com foco em gestão educacional a respeito dos vários desdobramentos dessa área de atuação educacional; d) a identificação entre pesquisadores de elementos e aspectos de gestão que serviam como objeto na formulação de questões de investigação na área.

Os Cadernos de Gestão são, portanto, de interesse de profissionais que atuam em gestão escolar (diretores, vice-diretores, supervisores, coordenadores e orientadores educacionais), assim como aqueles que são responsáveis, no âmbito macro de gestão de sistemas de ensino, pela orientação desse trabalho, a partir de núcleos, superintendências, departamentos, divisões de gestão educacional. Os acadêmicos de cursos de Pedagogia e de Pós-graduação que tratam sobre a gestão escolar e educacional encontrarão nos Cadernos referências que procuram integrar questões práticas e teóricas, de modo a oferecer-lhes bases para a reflexão sobre práticas e conceitos dessa área.

Espera-se, com esta sistematização de material produzido pela autora – a partir de sua experiência como profissional, consultora de sistemas de ensino e docente em cursos de capacitação de gestores educacionais de vários níveis –, contribuir para a reflexão sobre as questões propostas mediante a discussão e o entendimento de conceitos e processos de gestão educacional, ou a ela relacionados. Espera-se, em última instância, com esta reflexão, contribuir para o estabelecimento de ações de gestão mais consistentes e orientadas para a efetivação de resultados educacionais mais positivos, tendo como foco a aprendizagem dos alunos e sua formação.

Ressalta-se que a gestão educacional, em caráter amplo e abrangente, do sistema de ensino, e a gestão escolar, referente à escola, constituem-se em área estrutural de ação na determinação da dinâmica e da qualidade do ensino. Isso porque é pela gestão que se estabelece unidade, direcionamento, ímpeto, consistência e coerência à ação educacional, a partir do paradigma, ideário e estratégias adotadas para tanto. Porém, é importante ter em mente que é uma área-meio e não um fim em si mesma. Em vista disso, o necessário reforço que se dá à gestão visa, em última instância, a melhoria das ações e processos educacionais, voltados para a melhoria da aprendizagem dos alunos e sua formação, sem o que aquela gestão se desqualifica e perde a razão de ser. Em suma, aperfeiçoa-se e qualifica-se a gestão para maximizar as oportunidades de formação e aprendizagem dos alunos. A boa gestão é, pois, identificada, em última instância, por esses resultados.

Com essas questões em mente, a proposta dos Cadernos de Gestão é a de cobrir aspectos fundamentais e básicos da gestão educacional com o objetivo de contribuir para que se possa vislumbrar os processos de gestão em sua abrangência e também em sua especificidade, e, dessa forma, estimular e nortear a reflexão sobre a gestão educacional como ação objetiva e concreta orientada para resultados educacionais.

Para o momento são destacados 13 assuntos para compor a Série Cadernos de Gestão, podendo, no entanto, com a evolução dos trabalhos, a lista ser aumentada.

Heloísa Lück

Apresentação deste volume

Este livro foi escrito a partir de um artigo inicialmente divulgado pela autora na revista *Gestão em Rede*, uma publicação vinculada ao projeto Renageste – Rede Nacional de Referência em Gestão Educacional – do Consed – Conselho Nacional de Secretários de Educação[1], sob o título "A evolução da gestão educacional, a partir de mudança paradigmática". Parte também foi publicada em algumas páginas do livro *A escola participativa: o trabalho do gestor escolar*[2]. Posteriormente, esse artigo foi apresentado em rede de divulgação informatizada, por organizações que mantêm portais educacionais, por solicitação destas, sendo muito consultado. A partir dessa divulgação, a autora recebeu continuamente grande quantidade de consultas a respeito da questão, a partir do que sentiu-se estimulada e decidiu expan-

---

1. A autora é coordenadora nacional dessa rede e editora dessa revista.
2. LÜCK, Heloísa. A evolução da gestão educacional, a partir de mudança paradigmática. **Gestão em Rede**, n. 3, nov., 1997, p. 13-18. LÜCK, Heloísa et al. **A escola participativa: o trabalho do gestor escolar**. 6. ed. Rio de Janeiro: DP&A, 2002.

dir a sistematização de ideias resultantes das respectivas reflexões e divulgá-las em um pequeno livro.

Neste livro, procura-se descrever a diferença entre administração educacional e gestão educacional, mediante apresentação das características e atuações nas duas dimensões de uma mesma área de atuação profissional: a de organização e influência sobre o trabalho educacional com qualidade. As diferenças são propostas de modo a evidenciar o âmbito da administração e limites da sua concepção, e a necessidade de superação desses limites, por um conceito mais abrangente, capaz de olhar e orientar a dinâmica dos processos sociais que constituem os processos em educação, como, aliás, todos os empreendimentos humanos.

Ressalta-se, no entanto, que a mudança paradigmática pressupõe ter por base a superação de um paradigma e não a sua negação ou rejeição mediante confrontos e oposições a ele. Mesmo porque, a gestão competente se assenta sobre processos de administração igualmente competente. Isto é, bons processos de gestão educacional se assentam sobre e dependem de cuidados de administração bem resolvidos, porém praticados a partir de pressupostos mais amplos e orientações mais dinâmicas, com objetivos mais significativos, do ponto de vista formativo, e devidamente contextualizados. A partir de processos assim orientados é possível ampliar horizontes e perspectivas de processos educacionais.

As concepções e ideias apresentadas neste livro dizem respeito a todos os segmentos responsáveis pela educação, sejam os de âmbito micro (a escola), sejam os de âmbito macro (os sistemas de ensino). Como se verifica comumente, os profissionais que atuam no âmbito dos sistemas de ensino são aqueles que menos têm se preocupado em refletir sobre questões relacionadas à consistência de suas ações com aquelas que pretendem sejam adotadas nas escolas, assim como têm deixado de considerar o impacto que suas ações exercem sobre elas. Em vista disso, evidencia-se como de especial interesse que esses profissionais estudem e discutam sobre concepções apresentadas neste livro e analisem o seu trabalho à luz dessas ideias, de modo a, num processo evolutivo, como é o do desenvolvimento profissional, dar-lhe mais consistência e efetividade. Desse modo, estarão contribuindo para formar uma grande rede com as escolas, no sentido de promover os avanços que a educação brasileira demanda urgentemente. Boas escolas emergem mais facilmente de sistemas de ensino bem organizados e orientados, a partir de uma concepção clara sobre educação e sobre o seu papel de gestão para promovê-la.

Introdução

Não é a ferramenta que é importante, na organização humana, mas a energia que a move, e a inteligência que a orienta.

Há uma clara percepção, por parte de lideranças políticas brasileiras, de representantes dos mais diversos segmentos que compõem a nossa sociedade, de comunidades e famílias, de que a melhoria da qualidade de vida, o desenvolvimento das comunidades e a transformação do Brasil em uma nação desenvolvida, com uma população proativa, saudável, competente, cidadã e realizada, somente se dará caso consigamos promover, o mais urgentemente possível, um salto de qualidade em nossa educação. Esse salto de qualidade passa, no entanto, por mudanças significativas não apenas de suas práticas pedagógicas, mas de concepções orientadoras das mesmas, de modo a superar o ensino conteudista e livresco, centrado na aquisição de conhecimentos, para o voltado à promoção do desenvolvimento do potencial humano e de competências caracterizado em um processo de aprender a aprender, aprender a fazer, aprender a conviver, aprender a ser (DELORS, 1999). Este, por certo, está associado a uma concepção diferenciada de organização, orientação e desenvolvimento dos processos educacionais.

Gestão educacional: Uma questão paradigmática

Esse entendimento é reforçado pela observação, no âmbito internacional, de grandes exemplos de países que conseguiram tal feito, mediante a priorização da educação e o investimento concentrado de esforços, recursos e talento humano no desenvolvimento da qualidade dos seus sistemas de ensino e de suas escolas, acompanhados de consistentes mecanismos de gestão de tais ações e processos. Este é o caso, por exemplo, do Japão no século XIX e mais recentemente da Coreia do Sul, que investiram maciçamente na educação de sua população e vieram a alcançar elevados índices de desenvolvimento, após o enfrentamento de grandes crises.

À luz desse entendimento, conclui-se que são necessárias modificações sensíveis no contexto da educação brasileira, a fim de que o país como nação e sua população possam participar da globalização da economia e internacionalização técnico-científica, tanto usufruindo de seus benefícios como fazendo parte integrante desse movimento internacional. Também o influenciando em seus múltiplos desdobramentos, a fim de não se tornar dependente dele, como também valorizando suas significativas e importantes riquezas culturais. É importante destacar que essas modificações extrapolam mudanças meramente curriculares, metodológicas ou de modernização de equipamentos e recursos de apoio ao processo educacional. Para além desses aspectos, elas demandam um novo estilo de relacionamento das instituições educacionais com a sociedade em geral, uma nova orientação a respeito do significado da educação, da escola e da aprendizagem na sociedade do conhecimento, além da efetiva mobilização das forças culturais presentes na comunidade e na escola para a construção de um projeto educacional competente. Acima de tudo, elas implicam num posicionamento das pessoas como sujeitos ativos, conscientes e responsáveis pela dinamização dos processos sociais e instituições de que participam. Elas apontam, ainda, para novas perspectivas, que geram novas épocas históricas (FERGUSON, 1993) que, pelo desempenho dos profissionais da educação, apresentam novas possibilidades de contribuição para o desenvolvimento da sociedade.

Destaca-se, a respeito dessa questão, que nenhuma ação setorial, por si, é adequada e suficiente para promover avanços consistentes, sustentáveis e duradouros no ensino, e que dessa forma apenas consegue promover melhorias localizadas, de curto alcance e curta duração. Daí por que a importância da gestão educacional, na determinação desse novo destino, uma vez que, a partir de seu enfoque de visão de conjunto e orientação estratégica de futuro, tendo por base a mobilização de pessoas articuladas em equipe, permite articular ações e estabelecer a devida mobilização para maximizar resultados.

Muito mais do que em quaisquer outras épocas, quando os sistemas e unidades educacionais nem sequer admitiam utilizar os mecanismos e instrumentos gerenciais disponíveis nos setores produtivos, há necessidade, hoje, de considerarmos que o desenvolvimento de conhecimentos e a formação de profissionais entendidos em gestão educacional, capazes de implementar e operar as transformações necessárias dos sistemas de ensino e escolas, é prioritário, por ser condição fundamental para o imprescindível salto qualitativo da educação brasileira. Vale lembrar que, de longa data, propõe-se a qualidade do ensino como um objetivo permanente. Porém, os esforços nesse sentido têm ocorrido sem o entendimento adequado das implicações que a promoção dessa qualidade demanda, que, dentre outros aspectos, envolve o entendimento do significado da qualidade em educação; do sentido de para quê a qualidade deve servir; a variação de significado de qualidade, de acordo com o contexto cultural; a definição de padrões de qualidade; a proposição e gestão de mecanismos para a sua promoção, dentre outros aspectos[3].

---

3. A questão da qualidade e a proposição de padrões de qualidade provocam, entre determinado grupo de profissionais da educação, fortes reações de rejeição, por associar essa questão à engenharia da qualidade desenvolvida no âmbito das empresas. É importante, no entanto, destacar que essa rejeição é estabelecida a partir de generalizações ligeiras e superficiais a respeito. É importante reconhecer que o conceito de qualidade e os mecanismos associados a esse conceito são fundamentais para o empreendimento humano em qualquer área ou setor. Entender isso não representa, no entanto, banalizar ou aligeirar o empreendimento e a sua qualidade. Qualidade é um conceito de natureza cultural e, que, portanto, ganha conotações e nuances diversas em vários contextos e ambientes. Em vista disso, a sua definição em educação passa pelo exame dos fundamentos, princípios e objetivos educacionais e a natureza dos seus processos. Portanto, em vez de rejeitar a questão, torna-se importante aprofundar o seu entendimento e construir a lógica da qualidade do ensino, para além do apelo meramente verbal que tem sido característica de discursos e documentos da educação.

Isso porque se entende que a gestão educacional estabelece o direcionamento e a mobilização capazes de sustentar e dinamizar o modo de ser e de fazer do sistema de ensino e das escolas, sem o que todos os demais esforços e gastos são despendidos sem promover os devidos resultados, o que, de fato, tem acontecido na educação brasileira. As estatísticas indicando elevadas taxas de repetência, evasão, distorção idade-série e sobretudo os baixos índices de aprendizagem dos alunos são reveladores de sérios desperdícios na área educacional. Veja-se a respeito os resultados do Saeb – Sistema Nacional de Avaliação da Educação Básica –, indicando precários níveis de aprendizagem e os elevados índices de distorção idade-série[4], reveladores da ineficácia do ensino.

Portanto, quando se fala sobre gestão educacional, faz-se referência à gestão em âmbito macro, a partir dos órgãos superiores dos sistemas de ensino, e em âmbito micro, a partir das escolas. A expressão gestão educacional abrange a gestão de sistemas de ensino e a gestão escolar. Este trabalho, que focaliza a gestão como conceito abrangente, envolve, necessariamente, os dois âmbitos de ação, em vez de focalizar exclusivamente a escola. Isso porque entende-se que sua concepção deve estar presente no sistema todo, a fim de que possa ser efetivamente pra-

---

4. http://www.inep.gov.br.ibec

ticada no estabelecimento de ensino. Vale dizer que, do ponto de vista paradigmático, a concepção de gestão permeia todos os segmentos do sistema como um todo, em vista do que, em sua essência e expressões gerais, é a mesma, tanto no âmbito macro (gestão do sistema de ensino) como no micro (gestão de escolas). Na medida em que sistemas de ensino continuem organizando seu trabalho ordenado e orientado a partir de um enfoque meramente administrativo, será muito difícil que a escola, por iniciativa própria, e na contramão das iniciativas orientadoras do sistema, venha a dar um salto de qualidade em seu processo de gestão, como se pretende. Torna-se fundamental que se construa uma consistência entre os processos de gestão de sistemas de ensino e o que se espera ocorra no âmbito da escola, mediante uma orientação única e consistente de gestão.

No contexto da educação brasileira, a partir de meados da década de 1990, grande atenção passou a ser dada às questões de gestão educacional, lideradas, sobretudo, pelo Consed – Conselho Nacional de Secretários de Educação, que estabeleceu e mantém, desde então, a gestão educacional como uma de suas políticas prioritárias[5]. Atenção efetiva tem

---

5. Para implementar essa política, o Consed instituiu os projetos Renageste – Rede Nacional de Referência em Gestão Escolar, em 1996; a revista *Gestão em Rede*, em 1997, e o Prêmio Nacional de Referência em Gestão Escolar – em parceria com Undime, Unesco e Fundação Roberto Marinho, um mecanismo de autoavaliação da

sido dedicada para a gestão que, como um conceito relativamente novo, superador do enfoque limitado de administração, se assenta sobre a mobilização dinâmica do elemento humano, sua energia e talento, coletivamente organizado, como condição básica e fundamental da qualidade do ensino e da transformação da própria identidade das escolas, dos sistemas de ensino e da educação brasileira. Estes sistemas, no entanto, conforme se observa em sua atuação e pelos resultados de seu trabalho, são ainda marcados, em muitos casos, pela falta de liderança clara e competente, pela falta de referencial e de orientação teórico-metodológica consistente e avançada de seus gestores, pela falta de uma perspectiva abrangente e proativa de superação efetiva das dificuldades cotidianas e promoção de avanços estratégicos, dentre outros aspectos[6].

---

gestão escolar, e o Progestão, um programa de capacitação de gestores escolares, em 1998. Todos esses programas estão sendo dinamizados sistematicamente em apoio às demandas pelos estados. Dessa forma, o Consed tem liderado o desenvolvimento de experiências significativas de gestão nos sistemas de ensino e escolas públicas brasileiras. Maiores informações podem ser obtidas pelo *site* http//:www.consed.org.br

6. A descontinuidade em sua atuação, a falta de políticas educacionais consistentes e a falta de sensibilidade de gestores de sistemas de ensino para a problemática e responsabilidade de formação de crianças e jovens têm sido, infelizmente, uma tônica ainda vigente na gestão de sistemas de ensino cujos dirigentes atuam, muitas vezes, atrelados a projetos de grupos políticos, em vez de aos interesses da sociedade em geral e seu desenvolvimento; respondem a interesses imediatos e particulares de correligionários partidários e grupos de apoio, em vez de ao desenvolvimento da educação para atender às necessidades e interesses da sociedade.

Gestão educacional: Uma questão paradigmática

Quando nos defrontamos com a premente necessidade de, pelo desenvolvimento da educação brasileira, contribuir para que o país possa participar efetivamente do concerto das nações, nos planos econômico, cultural e político, enfrentamos o desafio de não apenas melhorar a qualidade da educação brasileira, mas de promover-lhe um significativo salto qualitativo, visível e urgente que mude a sua cultura conservadora e tímida, de horizontes limitados, via uma gestão aberta, com visão estratégica, orientada por ideias avançadas e inspirada por ideais estimuladores e mobilizadores não só dos educadores, mas da sociedade como um todo. Em vista disso, vislumbra-se a necessidade de se conhecer e participar dos movimentos que, pela sinergia da interatividade e da criatividade, possibilitam transformar, rapidamente, situações inadequadas e limitadas da educação em experiências promissoras[7].

A qualidade do ensino, tão necessária e preconizada para que nossa população possa alcançar melhores níveis de qualidade de vida e maior compe-

---

7. A publicação "Escolas referência nacional em gestão 2003: experiências de sucesso", do Consed, exemplifica esforços nesse sentido, em relatos de 24 escolas representantes de 24 unidades da federação. Os relatos demonstram como as escolas brasileiras, a partir da gestão de suas escolas e com a participação de pais e comunidades, estão transformando o seu modo de ser e de fazer pedagógico, de forma a garantir educação de melhor qualidade para seus alunos e a melhoria de sua aprendizagem.

tência no enfrentamento de seus anseios de desenvolvimento, passa pela garantia de variados processos e condições interligados, envolvendo múltiplos aspectos internos e externos à escola e aos sistemas de ensino.

Esses processos e condições existem – embora insuficientes – e são mobilizados, porém ainda atuam e são empregados de forma desarticulada e descompassada ou permanecem desmobilizados de modo a se desgastarem gradualmente. Apesar dos grandes dispêndios de recursos e de esforços, são em grande parte mal empregados, deixando de resultar na possível produção de condições mais efetivas de melhoria da qualidade do ensino e promoção de mais elevadas e mais significativas aprendizagens de seus alunos. Registram-se, então, pelo contrário, desgastes de expectativas frustradas e o desenvolvimento, até, de um sentimento de imobilismo e de baixas expectativas em relação à capacidade da escola, a partir da ação de seus profissionais, fazer diferença na vida de seus alunos e da sua comunidade.

Entende-se que o ainda substancial desperdício de talentos registrado nas escolas brasileiras, identificados por seu elevado índice de evasão e repetência e baixos níveis de rendimento, conforme demonstrado pelo Saeb, são devidos, em grande parte, a deficiências de gestão que ocorrem por falta de referencial, organização e orientações adequados para nortear a atuação educacional com a devida competência. Desperdiçam-se recursos, tempo e, o que é mais grave, talento humano, com sérias repercussões sociais, quando se entende que os problemas de ensino são apenas de natureza didática, e não de gestão pedagógica, a serem resolvidos envolvendo, de forma isolada e dissociada, novas técnicas e exercícios de ensino, mais materiais escolares, capacitação de professores, sem esforço em articular e coordenar a proposta pedagógica e processos correspondentes, dinamizando-os de forma interativa, e realizando a sua gestão de forma criativa, sistemática e contínua. A falta de orientação, mediante concepção e mecanismos de gestão no contexto educacional, isto é, de associação entre uma visão abrangente e articuladora da educação e de seus desdobramentos de um lado, e de ações específicas e estratégicas, orientadas para a promoção de resultados sociais de outro, explicaria, pois, em grande parte, aquele desperdício e aquelas inadequações.

Reconhece-se ainda que ações empreendidas para melhorar a qualidade da gestão educacional ao longo do tempo têm sido isoladas e muitas vezes desenvolvidas sem a preocupação de analisar, registrar e interpretar seus resultados, com o fim de, ao promover uma mudança, construir conhecimentos sobre o processo e divulgá-los, de modo que outros possam aproveitar da mesma e, dessa forma, reforçá-la. Muitas vezes ocorre que, com a mudança de gestores, à frente de suas unidades de atuação, boas experiências são abandonadas e até mesmo esquecidas, estabelecendo-se a descontinuidade do processo[8]. Por força dessa condição, deixa-se de aprender com elas e de utilizá-las para promover o avanço da educação. Por ficarem isoladas, não são sistematizadas, e nem reforçadas e, por outro lado, deixam de ganhar o apoio e a sustentação que possibilitariam a continuidade necessária à solidificação das melhorias promovidas no ensino e criação de novos níveis de desenvolvimento. Em decorrência dessas situações, identifica-se em geral a falta de referencial para apoiar e orientar os gestores de sistemas na realização de seu trabalho.

Os processos de gestão pressupõem a ação ampla e continuada que envolve múltiplas dimensões,

---

[8]. Lamentavelmente, grande parte dos dirigentes de sistemas de ensino, designados politicamente, tem demonstrado interesse em compor equipes de trabalho para as secretarias de Educação, à luz de critérios de vinculação político-partidária, ou capacidade de apoio político, do que de compromisso com a educação e capacidade profissional para contribuir de maneira significativa para a sua melhoria. Desse modo, a cada designação de dirigentes, as secretarias de Educação e respectivas unidades de serviço são praticamente esvaziadas dos servidores que lá atuavam, sendo suas posições ocupadas por outros que não apenas precisam aprender sobre o sistema, mas até mesmo sobre como desempenhar as novas funções. Muitas vezes até, esses dirigentes não permanecem os quatro anos de um governo, frente ao posto, promovendo-se uma contínua mudança de pessoal, que gera uma perniciosa descontinuidade das ações educacionais e um contínuo bombardeamento de projetos de vida curta e alcance limitado sobre as escolas, destituindo-as de sua autonomia de gestão.

tanto técnicas quanto políticas e que só se efetivam, de fato, quando articuladas entre si. Podemos afirmar, portanto, que toda visão que exclui alguma dimensão é limitada, de modo que se articulem diferentes concepções, a fim de se construir uma referência própria, a mais abrangente e aprofundada possível, para a gestão educacional e escolar.

> "Gestão: arte de pensar, agir e fazer acontecer".
> Mote da Escola Estadual Onesina Bandeira, de Miracema do Tocantins – TO.

1
A evolução da gestão educacional:
Uma mudança paradigmática

A gestão educacional é uma expressão que ganhou evidência na literatura e aceitação no contexto educacional, sobretudo a partir da década de 1990, e vem-se constituindo em um conceito comum no discurso de orientação das ações de sistemas de ensino e de escolas. Isto porque foi reconhecido como base fundamental para a organização significativa e estabelecimento de unidade dos processos educacionais e mobilização das pessoas voltadas para o desenvolvimento e melhoria da qualidade do ensino que oferecem. Como, no entanto, o entendimento de gestão como concepção paradigmática não se encontra devidamente evidenciado e entendido, torna-se necessário apontar e esclarecer questões básicas dessa concepção. Considera-se que esse esclarecimento é fundamental para que as ações decorrentes sejam consistentes, claras e efetivas no seu direcionamento. Consequentemente, o estudo e a reflexão sobre a representação paradigmática da gestão educacional constituem-se em condição para que gestores educacionais preparem-se para o exercício efetivo de seu papel e, durante esse exercício, aproveitem a experiência para construir conhecimentos sobre sua prática, tanto melhorando as bases do próprio exercício, como contribuindo para a melhoria do trabalho dos demais gestores.

O conceito de gestão resulta de um novo entendimento a respeito da condução dos destinos das organizações, que leva em consideração o todo em relação com as suas partes e destas entre si, de modo a promover maior efetividade do conjunto (MORIN, 1985; CAPRA, 1993). A gestão aparece, pois, como superação das limitações do conceito de administração, como se verá mais adiante, como resultado de uma mudança de paradigma, isto é, de visão de mundo e óptica com que se percebe e reage em relação à realidade (KUHN, 1982).

Destaca-se que paradigma corresponde, para Morin (1985: 19, 31), "ao modo de existência e de organização de idéias, uma sistemologia de ideias, constituindo princípios ocultos caracterizados por uma noção nuclear da realidade". Para Capra (1993: 17), um paradigma "significaria a totalidade de pensamentos, percepções e valores que formam uma determinada visão da realidade, uma visão que é a base do modo como uma sociedade se organiza". A concepção de paradigma resulta, portanto, da compreensão do modo como nosso pensamento é orientado para perceber o mundo, o que, por isso, determina o que vemos e o que deixamos de ver, e, em consequência, como reagimos diante da realidade. Como modo de pensar, o paradigma é abrangente em relação a tudo e a todos que constituem a realidade, nada excluindo sobre ela, determinando o modo de ser e de fazer das pessoas em seu contexto. Com essa perspectiva, analisa-se, portanto, a mudança de paradigma que estabelece uma mudança do enfoque de administração para o de gestão, que vem ocorrendo no contexto das organizações e dos sistemas de ensino, como parte de um esforço fundamental para a mobilização, organização e articulação do desempenho humano e promoção da sinergia coletiva, em seu contexto, voltados para o esforço competente de promoção da melhoria do ensino brasileiro e sua evolução.

Gestão educacional corresponde ao processo de gerir a dinâmica do sistema de ensino como um todo e de coordenação das escolas em específico, afinado com as diretrizes e políticas educacionais públicas, para a implementação das políticas educacionais e projetos pedagógicos[9] das escolas, compromissado com

---

9. O Art. 14, inciso I, da Lei 9.394/96 de Diretrizes e Bases da Educação Nacional, define a elaboração do projeto pedagógico da escola pelos professores, como princípio na definição de normas de gestão democrática do ensino público. Em muitos estados brasileiros, esse projeto é denominado como projeto político-pedagógico, de modo a enfatizar a sua dimensão política, que, de qualquer modo, independentemente da especificação na denominação, nele está inserida como processo. O que se pretende, com esta denominação, é evidenciar essa dimensão, muitas vezes esquecida, não se devendo, no entanto, ao fazê-lo, desqualificar as demais dimensões necessárias à sua efetividade.

os princípios da democracia e com métodos que organizem e criem condições para um ambiente educacional autônomo (soluções próprias, no âmbito de suas competências) de participação e compartilhamento (tomada conjunta de decisões e efetivação de resultados), autocontrole (acompanhamento e avaliação com retorno de informações) e transparência (demonstração pública de seus processos e resultados).

Em linhas gerais, a lógica da gestão é orientada pelos princípios democráticos e é caracterizada pelo reconhecimento da importância da participação consciente e esclarecida das pessoas nas decisões sobre a orientação, organização e planejamento de seu trabalho e articulação das várias dimensões e dos vários desdobramentos de seu processo de implementação. Cabe destacar que, no contexto da educação, em geral, quando se fala em participação, pensa-se em processo a ser realizado na escola, deixando-se de abranger o segmento de maior impacto sobre o sistema de ensino como um todo: a gestão de sistema, realizada por organismos centrais – as secretarias de Educação – e respectivos órgãos regionais[10]. Enten-

---

[10]. Os órgãos regionais de sistemas estaduais de ensino recebem denominação variada de estado para estado. Por exemplo, no Ceará, denominam-se Centro Regional de Desenvolvimento da Educação (Crede); em Pernambuco, Diretoria Regional de Ensino (Dere); no Paraná, Núcleo Regional de Educação (NRE); em Minas Gerais, Superintendência Regional de Ensino (Sere); na Bahia, Diretoria Regional da Educação (Direc); em Alagoas, Coordenadoria Regional de Educação (CRE).

de-se, no entanto, que o conceito de gestão, tendo em vista seu caráter paradigmático, não se refere a este ou aquele segmento, mas ao sistema de ensino como um todo, tanto horizontal quanto verticalmente, e, portanto, não se constitui em uma função circunscrita a quem detém o cargo/função maior de uma unidade de trabalho.

Trata-se de uma orientação exercida por equipe de gestão. Está, pois, esse conceito associado ao fortalecimento da democratização do processo de gestão educacional, pela participação[11] responsável de todos os membros da sociedade civil e da comunidade escolar nos vários níveis e âmbitos das decisões necessárias e da sua efetivação, mediante seu compromisso coletivo com resultados educacionais cada vez mais efetivos e significativos.

Conforme afirmado em trabalho conjunto entre Unesco e MEC, "o dirigente escolar é cada vez mais obrigado a levar em consideração a evolução da ideia de democracia, que conduz o conjunto de professores, e mesmo os agentes locais, a maior participação, a maior implicação nas tomadas de decisão" (VALÉRIEN, 1993: 15). Essa exigência estaria vinculada, também, à necessária interação entre as

---

11. O Caderno de Gestão n. III, desta série, focaliza a questão da gestão democrática pelo desenvolvimento de processos de participação, como mecanismos de gestão.

dimensões política e pedagógica, na condução dos destinos e ações das organizações educacionais. Em consequência dessa nova perspectiva e demanda, os antigos fundamentos de administração educacional, dadas as suas peculiaridades de enfoque – em grande parte formal e operacional sobre recursos (físicos, materiais, financeiros e humanos)[12] e, portanto, mais limitado –, seriam insuficientes – embora básicos – para orientar o trabalho do dirigente educacional.

Algumas mudanças fundamentais implícitas na gestão envolvem, por exemplo, o entendimento de que problemas globais demandam ação conjunta; que ação conjunta, vale dizer, participativa, se associa a

---

12. Mediante a lógica de administração de recursos, observou-se a tendência de administradores a focalizarem, como fundamental em seu trabalho, o esforço por amealharem mais recursos, muitas vezes, sem considerar a relação direta de seu dimensionamento com as necessidades reais do atendimento à população a que se destina. Segundo essa perspectiva, considera-se como realização o crescimento, em vez do desenvolvimento; ser maior, em vez de ser melhor. Dessa forma, o tamanho da escola, o número de seus professores e de alunos passou a ser indicador do seu valor social, e não a qualidade dos seus processos e serviços educacionais. O mesmo ocorre com materiais e equipamentos, mesmo que não sejam usados. Por exemplo, em muitas escolas se podia observar a existência de livros e coleções nunca abertos, existindo quase como apenas para visitas verem. Podia-se, e ainda se pode, observar a existência de equipamentos, como, por exemplo, televisores e computadores se deteriorando nas escolas, sem serem utilizados.

autonomia competente; que a concepção de gestão supera a de administração, e não a substitui. Além desses aspectos, a seguir são também analisadas as limitações do enfoque de administração e a construção da concepção de gestão, para superá-las. O entendimento dessas questões é considerado fundamental, a fim de que as ações de organização e orientação da atuação educacional possam ser consistentes, a partir da atuação de sistemas de ensino e respectivas escolas.

1.1. Problemas globais demandam ação conjunta, abrangente e participativa

"A realidade social é construída socialmente" (KOSIK, 1976: 36), isto é, ela não preexiste, e sim, é criada pelas ações de grupos sociais, mediante contínuos movimentos interativos, marcados por ações e reações, estruturas e funções, dúvidas e certezas, fluxos e refluxos, objetividades e subjetividades, ordens e desordens. Inevitavelmente, a realidade é marcada pela complexidade de dimensões e movimentos expressos por meio de contradições, tensões e incertezas, cuja superação prepara o contexto para novos estágios mais abrangentes e significativos desses aspectos.

Gestão Educacional: Uma questão paradigmática

A partir desse entendimento, portanto, a realidade não seria explicável, nem adequadamente abordada, a partir de enfoque linear e fragmentador e ações localizadas, mecanicistas e excludentes. Daí por que a necessidade de percepções e ações abrangentes que considerem os elementos e aspectos principais interferentes em uma dada situação, em relação a seu contexto, o que, por sua vez, demanda uma ação de equipe, orientada por um pensamento conjunto (MORIN, 1989).

Entende-se, a partir dessa compreensão, que a educação e a questão do desenvolvimento da qualidade de ensino, em decorrência da sua complexidade, e pela multiplicidade de fatores e processos nelas intercorrentes, demandam uma orientação global, abrangente e interativa, com visão de longo prazo, em superação à localizada, descontextualizada e imediatista, identificada nas ações situacionais e de caráter ativista.

No entanto, observa-se que, ao longo da história de nossa educação, os esforços para a melhoria da qualidade do ensino têm privilegiado ações que focalizam, de acordo com a prioridade definida na ocasião, ora a melhoria de metodologia do ensino; ora o domínio de conteúdo pelos professores e/ou sua capacitação em processos pedagógicos, ora a melhoria das condições físicas e materiais da escola; ora as reformas do currículo em seu aspecto formal, ora os processos educacionais; ora o ensino, ora a aprendizagem; ora o ensino, ora a avaliação. Isto é, dirigentes de sistemas de ensino, desde o âmbito federal, até os municipais, passando pelos estaduais, têm eleito áreas consideradas prioritárias, com base no entendimento de que não se tem condições para fazer tudo, a partir do que passam a atuar exclusivamente sobre alguns aspectos do ensino, de modo isolado. Tem sido observado, no entanto, que essas ações isoladas resultam em meros paliativos aos problemas enfrentados, e que a falta de articulação entre elas explicaria casos de fracasso e falta de eficácia na aplicação de esforços e recursos despendidos pelos sistemas de ensino e respectivas escolas, para melhorar o ensino. Tal situação é resultado da falta de entendimento de que qualquer alteração em um elemento ou componente do processo social demandaria alterações nos demais, no mesmo sentido e com a mesma orientação, para apoiá-la, compreendê-la e sustentá-la. E quando estas não ocorrem, os efeitos desejados não se produzem de forma sustentável. Vale dizer que não existe também um entendimento claro do significado de qualidade do ensino e sua expressão.

Observam-se casos em que, embora existam certos instrumentos e condições para orientar a realização de ensino de qualidade, estes se tornam ineficazes por falta de ações articuladas e conjuntas. Por exemplo, existem escolas com excelentes condições físicas e materiais, em que os alunos vivenciam uma escolaridade conservadora; outras, em que o trabalho consciente de professores competentes perde-se no conjunto de ações pedagógicas desarticuladas; outras ainda que, embora tenham uma proposta pedagógica avançada e bem articulada, não conseguem traduzi-la em ações efetivas, por falta de sinergia coletiva e comprometimento conjunto de seus profissionais. Outras, ainda mais, em que é indicada a ocorrência de grande participação dos pais e trabalho de equipe de seus profissionais, sem, no entanto, ocorrerem bons resultados de aprendizagem dos alunos.

Firma-se, pois, o entendimento de que têm faltado, para a promoção da qualidade da educação, uma visão global de escola como instituição social e uma percepção abrangente da teia de relações entre os vários componentes que delineiam a experiência educacional; visão e percepção estas capazes de promover a sinergia pedagógica de que até muitas das melhores instituições educacionais estão carentes. Essa sinergia seria promovida, estimulada e orientada sob a liderança do diretor do estabelecimento de ensino, juntamente com sua equipe gestora, voltada para a dinamização e coordenação do processo coparticipativo para atender, na escola, às demandas educacionais da sociedade dinâmica e centrada na tecnologia e conhecimentos.

Do ponto de vista macro, verifica-se ser necessário haver modificações sensíveis na organização e orientação da educação brasileira, a fim de que se promova no país educação em nível de qualidade tal que este possa participar ativamente do processo de globalização da economia e internacionalização cultural; a fim de que o povo brasileiro não fique à margem do desenvolvimento, como também possa contribuir para o mesmo e usufruir desse movimento geral. Assim, por justiça, todos possam ter experiências educacionais estimulantes e promotoras do seu desenvolvimento integral. Essas modificações, portanto, extrapolam mudanças curriculares, metodológicas ou modernização de equipamentos. Elas demandam, isso sim, um novo estilo de relacionamento das instituições educacionais com a sociedade em geral, de um relacionamento mais horizontalizado e "co-lateral" entre sistema de ensino e escola, além da efetiva mobilização das forças culturais presentes na escola para a construção de um projeto educacional competente. Daí a importância da gestão educacional desde o âmbito da gestão de sistema, com enfoque participativo pautado por princípios democráticos e de descentralização, na determinação desse novo destino.

A gestão, portanto, é que permite superar a limitação da fragmentação e da descontextualização e construir, pela óptica abrangente e interativa, a visão e orientação de conjunto, a partir da qual se desenvolvem ações articuladas e mais consistentes. Necessariamente, portanto, constitui ação conjunta de trabalho participativo em equipe.

1.2. Ação conjunta e participativa se associa a autonomia competente

A promoção de uma gestão educacional democrática e participativa está associada ao compartilhamento de responsabilidades no processo de tomada de decisão entre os diversos níveis e segmentos de autoridade do sistema de ensino e de escolas. Desse modo, as unidades de ensino poderiam, em seu interior, praticar a busca de soluções próprias para seus problemas e, portanto, mais adequadas às suas necessidades e expectativas, segundo os princípios de autonomia e participação, aspectos indicados por Valérien (1993), como duas das três principais características da gestão educacional. A terceira característica seria o implícito autocontrole, que equilibraria a autonomia e a participação, de modo que a unidade de ensino não venha a cair na prática do espontaneísmo e falta de orientação e direcionamento. Acrescentar-se-ia um quarto princípio, o de responsabilidade, evidenciado pelo contínuo processo de demonstração pública da qualidade de seu trabalho, em seus variados aspectos, e de esforços despendidos para melhorá-lo. Essa responsabilidade seria acompanhada mediante um contínuo processo de avaliação de como ela se efetiva e de como essa responsabilidade pode ser melhorada[13].

---

13. Está programado um livro, sob n. IX, nesta série Cadernos de Gestão, sobre avaliação institucional da escola.

Merece comentário o fato de que, em nome de uma ação democrática e autônoma, muitos membros de unidades sociais, porém revelando um entendimento inadequado da questão, apresentam ressentimento e resistência contra toda e qualquer norma que possa estabelecer ordem e direcionamento ao trabalho conjunto e à qual devam atender. A esse respeito, cabe refletir sobre o reflexo de semelhantes atitudes sobre a efetividade e responsabilidade social dessas unidades de trabalho. A gestão educacional cultiva relações democráticas, fortalecendo princípios comuns de orientação, norteadores da construção da autonomia competente, que se garantem a partir do estabelecimento e cumprimento de normas, leis, princípios e diretrizes comuns. Estas, quando entendidas em seu sentido e espírito pleno, são vistas em seu potencial de inspiração para dar unidade e organicidade ao conjunto das ações sociais. Porém, entendidas obtusamente em sua letra apenas, são percebidas como limitadoras e cerceadoras, daí por que inadequadamente rejeitadas.

A nova óptica do trabalho de direção, organização e norteamento das ações de organizações educacionais, com objetivos de promover o desenvolvimento do ensino, voltado para a formação de aprendizagens significativas e formação dos alunos, lembra a necessidade e importância de que as decisões a respeito do processo de ensino e das condições específicas para realizá-lo sejam tomadas na própria instituição. O envolvimento tanto de quem vai realizar a prática como de seus usuários, na tomada de decisão, constitui-se em condição básica da gestão democrática, efetividade de ações e autonomia da escola[14].

No entanto, essa proposição de autonomia não elimina e não deve se sobrepor à vinculação da unidade do ensino com o sistema que a mantém, organiza e dá direcionamento ao conjunto todo, de acordo com os estatutos sociais e objetivos gerais da educação. Portanto, a autonomia "não é soberania" e é, em consequência, limitada, uma vez que ações mobilizadoras da energia do conjunto só são possíveis mediante uma liderança e coordenação geral efetiva e competente, a normatização – entendida em seu espírito maior e não em sua letra menor[15] –, em associação com a necessária flexibilidade.

1.3. A concepção de gestão supera a de administração e não a substitui

Observa-se que a intensa dinâmica da realidade faz com que os fatos e fenômenos mudem de significado ao longo do tempo, de acordo com a evolução

---

14. Ver o Caderno de Gestão n. II desta série, versando sobre concepções de gestão educacional.

15. O seguinte pensamento apresenta um conteúdo que aponta para reflexões a respeito: "as normas existem para a obediência dos tolos e a orientação dos sábios" (OECH, 1993).

das experiências, em vista do que os termos empregados para representá-los, em uma ocasião, deixam de expressar plenamente toda a riqueza dos novos entendimentos e desdobramentos. Este é o caso da mudança de designação dos processos de direção, organização, liderança e coordenação de instituições educacionais, de administração educacional para a de gestão educacional. Cabe, no entanto, lembrar que, muitas vezes, ocorrem mudanças meramente terminológicas, como é o caso representado por uma charge em que um pedinte, enquanto estendia seu chapéu para obter esmolas, conjeturava: "antigamente me chamavam de mendigo, depois, passaram a me chamar de carente, depois, ainda, de pessoa em desvantagem social... mas eu continuo não tendo o que comer". Uma mudança de denominação só é significativa quando representa uma mudança de concepção da realidade e de significado de ações, mediante uma postura e atuação diferentes. Em vista disso, a discussão terminológica se explica no sentido de compreender melhor o que representa para orientar de maneira adequada a ação – caso contrário representa apenas jogo de palavras e exercício no plano das ideias, sem compromisso com a ação e com os seus resultados.

Verifica-se que, de modo equivocado, o termo gestão tem sido muitas vezes utilizado como se correspondesse a simples substituição ao termo administração. Essa situação é observada em trabalhos que apresentam as mesmas concepções e enfoques convencionais da administração sob a denominação de gestão[16]. Comparando o que se propunha sob esta denominação e o que se propõe sob a denominação de gestão e, sobretudo, a alteração de princípios, valores, concepções, orientações e posturas que vêm ocorrendo em todos os âmbitos e que contextualizam as alterações no âmbito da educação e o modo de sua organização e liderança, conclui-se que a mudança é significativa, uma vez que paradigmática, isto é, caracterizada por mudanças profundas e essenciais em seu modo de ser e de fazer, mediante uma mudança de visão do conjunto todo.

Consequentemente, não se deve entender que o que esteja ocorrendo seja uma mera substituição de terminologia das antigas noções a respeito de como conduzir uma organização de ensino. Portanto, simplesmente revitalizar a visão da administração da década de 1970, orientada pela óptica da administração científica (PEREL, 1977; TRECKEL, 1967) ou introduzir concepções de administração da qualidade, seria ineficaz e corresponderia a realizar mera

---

[16]. É possível sugerir que essa prática tenha sido orientada por falta de entendimento da questão, ou o seu entendimento superficial, assim como por um interesse em "pegar carona numa onda atual", sem o esforço em desenvolvê-la adequadamente, muito menos em pensar e agir de forma nova e diferente. Daí por que muitos entenderem gestão como um termo de moda, e, portanto, representando algo passageiro.

maquiagem modernizadora. Grande parte dos movimentos pela qualidade se ateve às questões meramente operativas, introduzindo aspectos isolados, como, por exemplo, o programa 5S[17] nas escolas. Cabe lembrar que essas ações e os aspectos administrativos são importantes, porém como elementos de base sobre os quais devem se assentar orientações e ações mais abrangentes, com uma óptica interativa e dinâmica e uma nova concepção da realidade.

É importante notar que a ideia de gestão educacional, correspondendo a uma mudança de paradigma, desenvolve-se associada a outras ideias globalizantes e dinâmicas em educação, como, por exemplo, o destaque à sua dimensão política e social, ação para a transformação, participação, práxis, cidadania, autonomia, pedagogia interdisciplinar, avaliação qualitativa, organização do ensino em ciclos etc., de in-

---

17. Trata-se de um programa que parte de programas de desenvolvimento da qualidade, criado no Japão no final da década de 1960, cujo foco é a adoção no trabalho de cinco princípios voltados para a melhoria de pequenas ações do dia a dia, de forma contínua, a partir do entendimento de que as mesmas têm um grande impacto sobre o conjunto todo de processos. Os princípios se assentam sobre cinco conceitos expressos no japonês: SEIRI (senso de seleção), SEITON (senso de ordenação), SEISOU (senso de limpeza), SEIKETSU (senso de bem-estar) e SHITSUKE (senso de autodisciplina). Como o seu foco são princípios, não se trata, portanto, de programa com começo, meio e fim, mas, sim, de uma postura e uma orientação a serem adotadas de forma contínua nas atividades rotineiras da organização e por todos. No caso da escola, pelos funcionários, equipe técnico-pedagógica, professores e alunos.

fluência sobre todas as ações e aspectos da educação, inclusive as questões operativas, que ganham novas conotações a partir delas.

Pela crescente complexidade das organizações e dos processos sociais nelas ocorrentes – caracterizada, dentre outras questões, pela diversificação e pluralidade de perspectivas e interesses que envolvem, e a dinâmica das interações no embate desses interesses e perspectivas – não se pode conceber que estas organizações sejam orientadas pelo antigo enfoque da administração científica, pelo qual se considera que, tanto a organização como as pessoas que nela atuam, são componentes de uma máquina manejada e controlada de fora para dentro e de cima para baixo. Segundo esta concepção, os problemas recorrentes seriam, sobretudo, resultado de carência de "input" ou insumo, em desconsideração ao seu processo e à dinâmica da energia social que a promove e que, aliás, constitui-se em condição básica para se promover na escola a formação e aprendizagens significativas dos alunos. Sobretudo, sem nenhuma orientação para analisar e compreender a abrangência e o significado dos pressupostos subjacentes às ações.

Os sistemas de ensino e as escolas, como unidades sociais, são organismos vivos e dinâmicos, e na medida em que sejam entendidos dessa forma tornam-se importantes e significativas células vivas da sociedade, com ela interagindo, a partir da dinâmica de seus múltiplos processos. Assim, ao se caracterizarem por uma rede de relações entre os elementos que nelas interferem, direta ou indiretamente, a sua liderança, organização e direcionamento demandam um novo enfoque de orientação. E é a essa necessidade que a gestão educacional responde.

A gestão educacional abrange, portanto, a articulação dinâmica do conjunto de atuações como prática social que ocorre em uma unidade ou conjunto de unidades de trabalho, que passa a ser o enfoque orientador da ação organizadora e orientadora do ensino, tanto em âmbito macro (sistema) como micro (escola) e na interação de ambos. Observa-se, no entanto, que essa interação, sobretudo na relação entre sistema e escola, tem sido muitas vezes descuidada e até mesmo desconsiderada, demandando atenção, estudos e cuidados especiais. Em geral, identifica-se que os sistemas de ensino adotam uma postura administrativa, de cima para baixo, sobre as escolas, impondo-lhes ações e operações que poderiam ser decididas, com maior proveito e melhores resultados, por elas mesmas. Propõem "autoritariamente" processos participativos de decisão, sem, no entanto, promoverem essa participação em seu próprio contexto e na definição de políticas educacionais; em seus programas de ação, em vez de políticas e diretrizes amplas, definem ações específicas e limitadas em escopo a serem executadas pela escola. Em vista disso, portanto, prejudicam até mesmo as "políticas educacionais" que pretenderiam e deveriam promover, como seria próprio. Além disso, retiram da escola o direito e o dever de autoria sobre suas ações e respectivos resultados.

É importante destacar que a expressão "gestão educacional", comumente utilizada para designar a ação dos dirigentes em âmbito macro, deve ser empregada, por conseguinte, para representar não apenas novas ideias, mas sim ideias referentes a uma ordem diferenciada de relações constituindo, dessa forma, um novo paradigma, caracterizado por maior aproximação e horizontalização[18] na tomada de decisões entre os diferentes segmentos do conjunto e aproximação entre planejamento e ação, entre teoria e prática, entre atores e usuários.

Este conceito busca estabelecer na instituição uma orientação transformadora, a partir da dinamização de rede de relações que ocorrem, dialeticamente, no seu contexto interno e externo. Dessa forma, como mudança paradigmática, estaria associada à transformação concomitante das inúmeras dimensões educacionais, pela superação de concepções dicotô-

---

18. A horizontalização corresponde à diminuição de níveis hierárquicos de decisão que foram estabelecidos em estruturas verticais de organização de instituições, pela criação de vários níveis intermediários de postos de controle e organização de papéis e funções institucionais, distanciando a decisão da ação, muitas vezes criando papéis e funções artificiais, com um valor em si mesmos.

micas, expressas a partir de uma visão fragmentada da realidade, e que enfocam ora o diretivismo, ora o não diretivismo; ora a héteroavaliação, ora a autoavaliação; ora a avaliação quantitativa, ora a qualitativa; ora a transmissão do conhecimento construído, ora a sua construção; ora o enfoque do sistema, ora o da escola; ora o do professor, ora o do aluno; ora o do ensino, ora o da aprendizagem. Essa polarização de dimensões, características e componentes de uma mesma realidade, gera uma distorção dessa realidade (MORIN, 1985), criando conflitos artificiais e, quando produtivas, ocasionando resultados apenas parciais e temporários, sem condições de sustentação.

Consequentemente, destacamos novamente que a utilização do termo gestão não corresponde a simples substituição terminológica, baseada em considerações semânticas. Trata-se, sim, da proposição de um novo entendimento de organização educacional e de seus processos e, para além disso, das relações da educação com a sociedade e das pessoas dentro do sistema de ensino e da escola. Cabe ressaltar, ainda, que a gestão não se propõe a depreciar ou invalidar a importância da administração, mas, sim, a superar as limitações de enfoque fragmentado, simplificado e reduzido. Para ser efetiva, a gestão baseia-se na administração e a propõe como uma dimensão e área da gestão que possibilita o bom funcionamento das demais dimensões, a redimensioná-la, no contexto de uma concepção de mundo e de realidade construída a partir de visão da sua complexidade e dinamicidade, pela qual as diferentes dimensões e dinâmicas são concebidas como forças na construção da realidade e sua superação, sem precisar reinventar a roda.

Como resultado, a óptica da gestão educacional não prescinde nem elimina a óptica da administração, apenas a supera, dando a esta uma nova acepção, mais significativa e de caráter potencialmente transformador, colocando-a a serviço e como substrato do trabalho de gestão. Daí por que ações propriamente administrativas continuarem a fazer parte do trabalho dos dirigentes de organizações de ensino, como, por exemplo, controle de recursos, de tempo, de apoio logístico etc.[19] A administração passa a ser, portanto, uma dimensão da gestão, colocando-se sob o enfoque e princípios desta, constituindo a gestão administrativa[20]. Sem estar associada a uma organização

---

19. O Prêmio Nacional de Referência em Gestão Escolar, que oferece um instrumento de autoavaliação da gestão escolar, apresenta cinco dimensões da gestão para avaliação, dentre as quais uma com foco administrativo: 1. Gestão de resultados educacionais; 2) Gestão participativa; 3) Gestão pedagógica; 4) Gestão de pessoas; 5) Gestão de serviços de apoio, recursos físicos e financeiros. Para conhecer o regulamento e o instrumento de avaliação do prêmio, consultar o *site*: http//:www.consed.org.br

20. Ver exemplo dessa proposição na parte I do livro *Gestão educacional*, organizado por Sônia Simões Colombo, sob o título "Gestão administrativa".

efetiva desses aspectos, não há como garantir a mobilização adequada e orientação efetiva do trabalho social das pessoas.

O conceito de gestão educacional, portanto, pressupõe um entendimento diferente da realidade, dos elementos envolvidos em uma ação e das próprias pessoas em seu contexto; abrange uma série de concepções, tendo como foco a interatividade social, não consideradas pelo conceito de administração, e portanto, superando-a. Pode-se citar, dentre outros aspectos, a democratização da definição de políticas educacionais e do processo de determinação dos destinos da escola e da evolução do seu projeto pedagógico; a compreensão da questão dinâmica e, portanto, naturalmente conflitiva das relações interpessoais na organização educacional; o entendimento dessa organização como uma entidade viva e dinâmica, demandando uma atuação especial de liderança; o entendimento de que a mudança dos processos em educação envolve alterações nas relações sociais das organizações de trabalho pela educação; a compreensão de que os avanços dessas organizações se assentam muito mais em seus processos sociais, sinergia e competência, do que sobre insumos ou recursos, uma vez que aqueles dão sentido a estes; o entendimento de que a melhoria da escola, da sua gestão e dos seus resultados passa pela transformação da cultura de unidades de trabalho a serviço da educação.

Gestão educacional: Uma questão paradigmática

Esse conceito pressupõe, ainda, a consciência de que a realidade dos sistemas de ensino e das escolas pode ser mudada sempre – e somente – na medida em que seus participantes tenham consciência de que são eles que a produzem com seu trabalho colaborativo, e na medida em que ajam de acordo com essa consciência (KOSIK, 1976), compreendendo que, ao promoverem uma alteração na realidade, a promovem em relação a eles próprios reciprocamente. O entendimento dessa relação sujeito-realidade, mediante um processo de reflexão-ação (VASQUEZ, 1986), constitui-se em condição fundamental do desenvolvimento da autonomia, isto é, da capacidade de assumir responsabilidade pelas próprias ações. Isso porque, conforme proposto por Kosik, "o homem, para conhecer as coisas em si, deve primeiro transformá-las em coisas para si" (KOSIK, 1976: 18). O significado de práxis, embutido nesse pensamento, envolve a importância de se dirigir a instituição não de maneira impositiva, mas, sim, levando em consideração sua natureza e constituição, seus processos socioculturais interativos, seu contexto e história, seu modo de ser e de fazer, portanto, a partir dela mesma, em sua relação integrada com a comunidade em que está inserida e as formas como a ela tem servido e dela recebe apoio, dessa forma, maximizando sua energia e seu potencial.

Essa consciência da gestão, superadora da de administração – resultado do movimento social, associado à democratização das organizações –, demanda a participação ativa de todos os envolvidos em uma unidade social, para a tomada de decisão conjunta, mediante processo de planejamento participativo, pelo qual a realidade é analisada pela incorporação de diferentes olhares que, ao serem levados em consideração, permitem que as decisões tomadas o sejam a partir de uma visão abrangente das perspectivas de intervenção, além de garantirem o comprometimento coletivo com a implementação do planejado. Essa participação, por sua vez, quando além de ativa é ágil e consistente, permite expressar a capacidade de resposta urgente e competente aos problemas da existência e da funcionalidade das organizações educacionais, retroalimentando o processo planejado mediante o compromisso e estabelecimento de responsabilidade pela implementação das ações propostas e promoção cada vez mais competente dos resultados definidos.

1.4. A concepção de administração e suas limitações

Cabe destacar algumas características da concepção de administração, para o entendimento de suas limitações a serem superadas. A administração é vista como um processo racional, linear e fragmentado de organização e de influência estabelecida de cima para baixo e de fora para dentro das unidades de ação, bem como do emprego de pessoas e de recursos, de forma mecanicista e utilitarista, para que os objetivos institucionais sejam realizados. O ato de administrar corresponderia a comandar e controlar, mediante uma visão objetiva de quem atua sobre a realidade, de maneira distanciada e objetiva, tendo por base uma série de pressupostos, a saber:

a) O ambiente de trabalho e o comportamento humano são previsíveis, podendo ser, em consequência, controlados.

Daí a ênfase da atuação do administrador em controlar a ação de pessoas e cobrar resultados. O controle é exercido de cima para baixo e de fora para dentro, de forma objetiva, a partir de um poder funcional.

b) Crise, ambiguidade e incerteza são encarados como disfunção e como problemas a serem evitados e não como condições naturais dos processos sociais e oportunidades de crescimento e transformação.

As escolas que, em vez de orientação educacional, estabelecem em seus serviços a orientação disciplinar, guiam-se por este pressuposto.

c) O sucesso, uma vez alcançado, mantém-se por si mesmo e não demanda esforço de manutenção e responsabilidade pelo seu desenvolvimento.

Verifica-se comumente a inadequação desse pressuposto, a partir do fenecimento de bons resultados, pela descontinuidade das práticas que os produzem. O saudosismo em relação a realizações anteriores é nada mais nada menos do que uma demonstração desse aspecto.

d) A precariedade de recursos é considerada como o impedimento mais sério e mais importante à realização de seu trabalho e promoção de resultados.

Daí ser estabelecida como responsabilidade importante do dirigente a de obter e garantir recursos necessários para o funcionamento perfeito da unidade que dirige. De acordo com esse pressuposto, entende-se a justificativa comum de que os planos estabelecidos não foram executados por falta de recursos.

e) Modelos e ações de administração que deram certo não devem ser mudados, correspondendo à ideia de que "time que está ganhando não se muda", a partir da concepção de permanência das condições de todos os jogos.

Esse pressuposto subentende um congelamento da realidade, em desconsideração a seu caráter evolutivo e histórico pelo qual toda situação transforma-se a si mesma e o seu contexto, não sendo possível, portanto, reproduzi-la. Novas situações, demandas e significados são por elas criados.

f) A importação de modelos de ação que deram certo em outros contextos é importante, pois eles podem funcionar perfeitamente em contextos semelhantes, bastando para isso algumas adaptações e ajustamentos.

A imitação e a inovação fazem parte do quadro de ações orientadas por este pressuposto, que subentende serem os modelos em si que operam resultados e não as pessoas e o modo como eles são aplicados.

g) O participante cativo da organização, como são de certa forma considerados os alunos e os professores efetivos em escolas públicas, aceita as determinações superiores e as cumprem – vale dizer: são considerados como peças passivas na determinação do destino da educação.

O protecionismo e o paternalismo a esses participantes são considerados como circunstância natural e válida, atuando como contrapartida oferecida a eles por sua cooptação e aceitação às condições estabelecidas. O participante da instituição, ao nela ingressar, aceita tacitamente os modelos, normas e regras estabelecidos, passando a agir de acordo com ele, sem qualquer questionamento ou desejo de interferência nas disposições estabelecidas.

h) Qualquer exceção à normalidade e cumprimento aos modelos, normas e regras corresponde a uma disfunção a ser coibida com penalidades que vão desde a advertência, até à exclusão.

Portanto, segundo esse entendimento, tensões e conflitos devem ser coibidos a todo custo, e penalizados, caso ocorram, sem qualquer preocupação com o entendimento da sua ocorrência e aprendizagem a partir da experiência.

i) Cabe ao administrador, o dirigente maior da hierarquia, estabelecer as regras do jogo e não aos membros da unidade de trabalho, a partir do entendimento de que, por sua "posição subalterna", estes não têm possibilidade de perceber o conjunto dos aspectos da unidade de trabalho, cabendo-lhes, apenas, implementar as decisões.

Estabelece-se, a partir desse pressuposto, a centralização e a hierarquização que define a diferença e o distanciamento entre o pensar e o fazer, o planejamento e a ação, os decisores e os implementadores de decisão.

j) A evolução ocorre por incremento e agregação, em vista de que o ideal é crescer.

O importante e o melhor na atuação, mediante uma perspectiva incremental e cumulativa, é fazer o máximo, segundo os modelos definidos, e não fazer algo diferente, a partir de uma nova concepção. Este entendimento gerou a tendência, em fase de reversão, de se pensar em aumentar o tamanho das organizações e não o de transformar e melhorar os seus processos como estratégia de desenvolvimento. Assim é que, por esse enfoque, toda vez que se pretendeu melhorar resultados e processos, a primeira medida foi sempre solicitar mais recursos financeiros, mais pessoas e mais espaço, vindo a produzir organizações grandes, porém ineficazes.

k) A objetividade garante bons resultados, sendo a técnica o elemento fundamental para a melhoria de atuações e respectivos resultados.

Mediante a centralidade e a ênfase sobre a dimensão técnica foi desconsiderada a importância de outras dimensões dos processos educacionais, sobretudo a política.

Pense nas possibilidades e limitações desse entendimento que, em décadas anteriores, marcadas pelo conservadorismo, pela lentidão dos processos de mudança, pela legitimação do autoritarismo, assim como pela rigidez e reprodutividade, funcionaram contribuindo para a permanência e conservação de processos sociais estabelecidos, porém, no caso da educação, em detrimento da efetivação de suas finalidades e objetivos. Assim é que, como se pode observar nas estatísticas da educação brasileira, os resultados do rendimento escolar nesse período foram sempre baixos, uma vez que a ação da escola, durante o mesmo, foi marcada por elevados índices de seleção e exclusão de alunos, considerados incapazes de se orientar pelo modelo rígido de desempenho estabelecido. O entendimento da época era o de que os alunos deveriam, por seu esforço pessoal, ajustar-se à escola – e não o contrário –, desse modo construindo um processo de seleção natural. Portanto, falhava essa escola em cumprir o seu papel social, considerando, no entanto, sua vítima, o aluno, como culpado, e mantinha-se a organização educacional incólume e livre de responsabilidades, utilizando sistemas de avaliação do aluno sem avaliar seu próprio processo educacional.

Cabe analisar, portanto, por que tais pressupostos são limitados. As pesquisas têm identificado que, dada a complexidade e interatividade dos processos sociais e da interação interpessoal, marcadas pela dialética entre motivações e interesses pessoais de um lado, e valores e necessidades sociais de outro, cada situação tem sua própria dinâmica e movimento. Como tal, crises, ambiguidades e incertezas são consideradas como ocorrências naturais desses processos, servindo como elementos de aprendizagem e construção de conhecimento, que se constituem em base para o desenvolvimento, além de constituírem-se em elementos mobilizadores de energia para a ação e promoção de ações criadoras de novas condições de transformação e desenvolvimento.

Cada escola constrói uma experiência singular a ser valorizada como circunstância única e irreprodutível, a ser reconhecida pela observação e atenção às nuances e peculiaridades de sua manifestação, em associação com os seus resultados. Em consequência, não se pode prever inteiramente os desdobramentos desses processos, em vista do que, cabe aos gestores estarem continuamente atentos a cada gesto, sinal, comunicação e desdobramentos de cada momento e situação, de modo a encaminhá-la o mais adequadamente possível, tirando proveito dos acontecimentos[21], como circunstância de desenvolvimento e de aprendizagem.

Acrescente-se, ainda, como situação reforçadora das limitações apontadas, o fato de que a aceleração e acentuação dos processos de comunicação, por sua vez, aceleram e acentuam as mudanças, em vista do que os planos, em vez de serem pensados em relação à erradicação de problemas do passado, devem vislumbrar a construção do futuro, segundo uma nova ordem sociocultural orientada pelo pensamento estratégico. Essa condição ocorre no contexto da "era da informação, resultante da união dos computadores com as tecnologias de comunicação [e que] traz em si uma poderosa força de mudança capaz de transformar a sociedade, a sociedade da informação" (GRACINDO & KENSKY, 2001).

---

21. Nesta série de Cadernos de Gestão, os volumes V e VI, que tratam respectivamente sobre gestão do relacionamento interpessoal e gestão da comunicação interpessoal, explicitam desdobramentos dessas questões.

2
A construção da concepção de gestão

Certos aspectos, a seguir enumerados e descritos, compõem e caracterizam a mudança de paradigma que está sendo apontada, de modo que possam ser considerados pelos que fazem parte da organização de atuação educacional, a fim de que tenham melhores condições de nela atuar criticamente e contribuir para o seu desenvolvimento. É válido lembrar que esses aspectos, embora indicados separadamente, não ocorrem, na realidade, de forma isolada, uma vez que eles são intimamente relacionados entre si, na construção de novas e mais potentes realidades. Supera-se o enfoque de administração e constrói-se o de gestão mediante alguns avanços, que marcam a transformação da óptica limitada, anteriormente apontada. A seguir, são apresentados seis aspectos gerais dessa transformação, caracterizada pela passagem de uma condição para outra, de modo a corresponder a um nível mais complexo e significativo de ação: a) da óptica fragmentada para a óptica organizada pela visão de conjunto; b) da limitação de responsabilidade para a sua expansão; c) da centralização da autoridade para a sua descentralização; d) da ação episódica por eventos para o processo dinâmico, contínuo e global; e) da burocratização e hierarquização para a coordenação e horizontalização; e f) da ação individual para a coletiva.

2.1. Da óptica fragmentada para a óptica organizada pela visão de conjunto

Mediante uma visão fragmentadora da realidade, a educação se desenvolveu, assim como outras áreas de intervenção e conhecimento, gerando áreas específicas de atenção, como uma condição para conhecer melhor o processo educacional e melhor nele intervir. Assim é que se constituíram na literatura corpos de conhecimentos específicos e dissociados do conjunto do processo educacional, como, por exemplo, a psicologia da aprendizagem, a sociologia da educação, a filosofia da educação, a didática, a metodologia do ensino, a estrutura e funcionamento do ensino, a avaliação da aprendizagem, o currículo escolar, o planejamento educacional, dentre outros.

No entanto, é possível identificar que, a partir dessa dissociação, criam-se entendimentos distorcidos da realidade do processo educacional, ao se evidenciar uma parte do todo, a ponto de considerá-la descontextualizada e sem relação com as demais partes. Separam-se, desse modo, como se fossem processos e aspectos estanques e isolados: o ensino da aprendizagem e ambos da avaliação; a dimensão técnica, da conceitual; a sociológica, da social; a individual, da grupal; o pensar, do fazer; o todo, da parte; o fenômeno, da essência; o produto, do processo; a técnica, da concepção filosófica e política, dentre outros aspectos.

Essa fragmentação tem produzido a geração de unidades de ação artificialmente independentes e autônomas que atuam isoladamente, sem consideração ao todo de que fazem parte. Desse modo, por exemplo, numa escola, supervisor e orientador educacional separam territórios pedagógicos e, até mesmo, algumas vezes, competem entre si. Em sistemas de ensino é possível identificar a existência de vários departamentos ou unidades de trabalho, cada um com seus focos de ação específicos, exercendo sua influência, de forma desarticulada, sobre as escolas, e até mesmo desorientando e desestimulando, por suas múltiplas demandas, as iniciativas próprias dos estabelecimentos de ensino e a efetivação de seu projeto pedagógico. A respeito, afirmou uma supervisora educacional: "a inexistência de compatibilização entre os órgãos centrais (COGSP, CEI, Cenp, DRHU, DAE) está tornando impossível a realização de um trabalho integrado em nível de DE[22] e esco-

---

22. Siglas apresentadas, no texto original, em referência a unidades de trabalho, da Secretaria Estadual de Educação, sem explicitação de seu significado e denominação completa.

la... é impossível servir a tantos senhores ao mesmo tempo" (SILVA, 1995: 98-99). Dirigentes de escolas estaduais comumente apontam a dificuldade que têm em dedicar-se à implementação do seu projeto político-pedagógico, tendo em vista as constantes demandas, muitas vezes desencontradas e "urgentes", impostas à instituição pelos diferentes órgãos das secretarias estaduais de Educação. A falta de linguagem comum tem sido também um fator de desarticulação, conforme indicado por uma supervisora pedagógica: "que maravilha se os órgãos centrais falassem a mesma linguagem, estabelecendo prioridades de tarefas e respeitando limitações de tempo e de pessoal para atendimento às múltiplas solicitações" (SILVA, 1995: 98).

Considerando, à luz de concepções de Morin (1987), que a realidade é unitária e sistêmica, constituída pelas contínuas e dinâmicas inter-relações entre componentes e indivíduos, os elementos, e os acontecimentos, as ações e as dimensões de uma mesma realidade se tornam componentes de um conjunto, pelo seu processo inter-relacional, formando uma reciprocidade circular entre eles. Nesse entendimento de unidade complexa da realidade reside a possibilidade de se atuar de modo significativo em relação à mesma e dela fazer parte como sujeito que, ao mesmo tempo em que a influencia, é influenciado por ela.

Esse entendimento pressupõe reconhecer o pluralismo, a diversidade e a multiplicidade como elementos substanciais da realidade complexa e, dessa forma, reconhecer que a intervenção sobre a mesma não pode ser inteiramente previsível, controlável e redutível a elementos simples. Por outro lado, evidencia-se que as relações organizacionais são, de certa forma, determinadas pelo contexto do todo em que ocorrem, que apresenta certas estimulações, inibições e imposições (MORIN, 1987). A partir desse entendimento, adota-se uma perspectiva mais concreta e menos abstrata da realidade, superadora da óptica idealizadora da mesma, superando a óptica idealizadora que pensa e espera o aluno como perfeito, o professor perfeito, a escola perfeita.

> Problemas globais e complexos demandam uma visão abrangente e articuladora de todos os seus segmentos e ações.

O Quadro 01 sintetiza algumas questões básicas dessa passagem de uma tendência para outra, em superação à anterior, a serem consideradas pelos gestores, no alargamento e aprofundamento do alcance de seu trabalho. As polaridades apresentadas nesse Quadro, assim como nos demais, refletem dimensões de uma realidade, sendo ambas importantes e não mutuamente excludentes, sob pena de se distorcer essa realidade.

Quadro 01 – Passagem da óptica fragmentada para a óptica organizada pela visão de conjunto

• Fracionamento e isolamento de partes entre si e em relação ao todo, estabelecendo subunidades com vida própria. • Ação especializada sobre diferentes segmentos, em desconsideração às ações do conjunto. • Idealização e artificialização da realidade.	• Estabelecimento de interdependência de partes entre si e destas com o seu conjunto. • Ação interativa e processual sobre o conjunto. • Percepção da realidade como é, em sua condição concreta e substantiva.

2.2. Da limitação de responsabilidade para sua expansão

À medida que vigora na escola o entendimento de que ela é uma criação definida, pronta e acabada de um sistema maior, que determina seu funcionamento, e sobre o qual seus membros não têm nenhum poder de influência, ou o têm muito pouco, esses membros consideram, da mesma forma, que pouca ou nenhuma responsabilidade têm sobre a qualidade de seu próprio trabalho. Esse entendimento está associado à fragmentação do trabalho geral da escola em papéis, funções e tarefas e respectiva distribuição de atribuições, pela qual cada pessoa é responsável por parte do trabalho global, sem, no entanto, considerar o todo, a responsabilidade geral que dá sentido à ação específica de cada um.

"Um dominador e misterioso 'eles' tem sido a eterna desculpa para a apatia", conforme indicado por Ferguson (1993: 178) e que, podemos identificar, está associada à omissão em assumir responsabilidade. Por um senso comum sem pensamento reflexivo, explicam-se os fenômenos de modo a separar responsabilidades, por exemplo, a deles e as nossas – em que "eles" são os agentes responsáveis pelo que de ruim acontece e "nós" somos colocados como vítimas de suas ações, ou como pessoas que agem de maneira sempre justa e correta.

Observa-se que uma das tendências desse enfoque é jogar a responsabilidade sobre outros, isto é, adotar uma atitude de transferência de responsabilidade. A esse respeito Ênio Resende (1992: 27) analisa como um traço presente entre nós brasileiros, a ser superado pela cidadania e capacidade de assumir responsabilidades e cumpri-las, a tendência de não assumir devidamente as responsabilidades, deveres e obrigações, tanto em relação a questões sociais e políticas quanto em relação a questões profissionais e familiares. Exemplificando essas omissões, o ator cita a tendência a "culpar os governantes pelos problemas do país, do estado ou do município e esperar que as soluções sempre partam deles; atribuir aos políticos a total responsabilidade por seu mau desempenho e conduta, assim como pela fraqueza e pouca representatividade dos partidos; culpar os diretores de escola pelo baixo padrão de ensino; culpar os empresários por todos os aumentos de preço e por baixos salários; culpar outras pessoas por problemas de trânsito; culpar o síndico por todos os problemas do condomínio etc." Pela síndrome da culpabilização ou busca de culpados pelo que não funciona, o que se apresenta é um comportamento reativo de busca de "bode expiatório", que possibilita a omissão de responsabilidade e impede a aprendizagem a partir de experiências.

De acordo com essa óptica, os professores justificariam os baixos resultados do ensino e suas dificuldades em ensinar eficazmente alegando que os alunos não estão preparados para ou interessados em aprender. Não é incomum ouvir ou ler afirmações no sentido de que o aluno não aprende porque não apresenta os pré-requisitos para tal. Conforme apontado por Ronca & Gonçalves (1995: 30), professores justificam os baixos rendimentos de seus alunos desresponsabilizando-se desse resultado com afirmações como: "a criança é desmotivada"; "ela chega à escola totalmente despreparada"; "hoje em dia os alunos não querem aprender".

É possível também identificar que, quando não se joga a culpa nos alunos, ou nas famílias, joga-se no sistema, na organização da sociedade, afirmando-se que "a escola reproduz as desigualdades da sociedade e, enquanto não se mudar o sistema, a escola continuará a mesma". Também se registram depoimentos de outros profissionais da escola traduzindo a adoção da mesma óptica de desresponsabilização e/ou culpabilização de outrem: "é difícil promover um avanço na qualidade do ensino quando os professores não colaboram"; "faço o que a Secretaria de Educação manda" (diretora de escola); "não consigo manter a Secretaria em dia ou fazer um trabalho melhor, porque a diretora não me dá a orientação necessária, não sei o que ela quer" (secretária de escola); "os professores não ensinam, estão desestimulados e não têm interesse em dar boas aulas e levar os alunos a aprender" (supervisora escolar); "não posso fazer nada, sei que vocês não querem mudar a prática de avaliação e que, como está, funciona bem, mas a Secretaria de Educação determinou e temos que obedecer" (diretora de escola).

Estas são, portanto, muitas das queixas ou justificativas apresentadas no dia a dia de escolas, que sugerem uma falta de compreensão da interação de ações e de atitudes existentes no processo social de sua organização. Também sugerem a expectativa de condições ideais para trabalhar, em vez de o entendimento de que é a superação dessas dificuldades e limitações apresentadas, justamente, o ponto de partida e o objeto inicial de seu trabalho. Percebe-se, em comentários como esses, o entendimento de que, se não houvesse o problema apontado, tudo funcionaria bem e perfeitamente.

Em acordo com essa óptica, os participantes tendem a delimitar as suas responsabilidades a tarefas burocraticamente determinadas e de caráter fechado, deixando de ver o todo e de sentir-se responsáveis por ele, e de contribuir para a sua construção coletiva. Nesse caso, é possível identificar profissionais altamente eficientes em seu âmbito de ação, mas totalmente ineficazes[23], como resultado de sua orientação circunscrita e limitada. É o caso, por exemplo, de um professor que ensina bem o conteúdo de sua disciplina, mas que não contribui para a formação de seus alunos; de um diretor de escola que cumpre a legislação e zela pelo seu cumprimento, assim como pelo das determinações burocráticas do sistema, mas que não interfere na dinâmica dos processos sociais e pedagógicos de sua escola; do servidor que cumpre com suas funções, sem se preocu-

---

23. *Eficácia* – corresponde à produção dos resultados propostos por uma ação ou conjunto de ações. *Eficiência* – refere-se à realização de uma ação pelos meios mais econômicos e diretos possíveis. Eficiência e eficácia são conceitos complementares.

par com a relação e articulação das mesmas entre si e com o conjunto; dos supervisores e coordenadores pedagógicos que circunscrevem suas ações ao controle de execução de programas e planos pedagógicos pelos professores.

A esse respeito, indica-se que "quando os membros de uma organização concentram-se apenas em sua função, eles não se sentem responsáveis pelos resultados quando todas as funções atuam em conjunto" (SENGE, 1992: 29).

Sabe-se, por outro lado, que em organizações que constroem em conjunto uma realidade educacional proativa, empreendedora e orientada para a constituição da pedagogia do sucesso apresentam como característica a superação desse entendimento limitado e a formulação do entendimento de que cada um faz parte da organização e do sistema educacional como um todo, e de que a construção é realizada de modo interativo entre os vários elementos. Nelas torna-se evidente que os atores de uma unidade social interferem no seu processo de construção, quer tenham, ou não, consciência desse fato. Caso a sua orientação pessoal seja pela óptica de alienação, indicada anteriormente, essa será reforçada pela própria atuação, construindo um círculo vicioso autojustificado.

Em consequência é que se estabelece, como da maior importância, a conscientização da necessidade de redefinição de responsabilidades e não a redefinição de funções nas organizações. Aquelas centram-se no todo; estas nas partes isoladas. Aquelas pressupõem que questões complexas, como o são quaisquer ações educacionais, demandam ações interativas e de conjunto; estas centram-se na simplificação de enfoque e de ação.

A decorrente expansão de responsabilidade ocorre naturalmente e, à medida que ela vai sendo assumida, cria-se um novo ambiente e oportunidade de desenvolvimento para todos os envolvidos, os processos estabelecidos e as instituições em que ocorrem.

> O processo educacional só se transforma e se torna mais competente na medida em que seus participantes tenham consciência de que são corresponsáveis pelo seu desenvolvimento e seus resultados.

O Quadro 02 destaca pontos emergentes da superação da limitação de responsabilidade para a sua expansão, identificando alguns aspectos que conduzem a essa nova condição.

Quadro 02 – Superação da limitação de responsabilidade para sua expansão

• Delimitação de atuação mediante definição, *a priori*, de tarefas, independentemente de processos e resultados. • Enfoque sobre eficiência, tarefas e funções especificadas em manuais normativos. • Simplificação de processos, tendo por objetivo a facilitação de ação, a economia e a racionalidade.	• Orientação da ação pela responsabilidade com resultados, com um olhar atento aos processos adequados para promovê-los. • Enfoque sobre eficácia, processos e resultados, orientados por princípios. • Reconhecimento e aceitação da complexidade de processos, tendo por objetivo tirar o máximo proveito deles para obter melhores resultados, inclusive de aprendizagem sobre processos.

2.3. Da centralização da autoridade para a sua descentralização

A centralização da autoridade e, consequentemente, da responsabilidade pela tomada de decisão está associada a modelo de administração caracterizado pelo distanciamento entre os que formulam políticas e programas de ação e os que as executam e sua clientela/usuários. Sob o enfoque da centralização de autoridade, os sistemas de ensino experimentam uma condição de independência e autonomia em relação às escolas e estas experimentam, por seu lado, uma condição de dependência e obediência em relação ao sistema de ensino que a mantém. Na medida em que essa condição acontece, é desigual e fadada ao desencontro, pela falta de reciprocidade e de direcionamento comum e falta de convergência.

Essa centralização ocorre acentuadamente em organizações burocratizadas, com minuciosa divisão de tarefas e delimitação rígida de hierarquia, dentre outros aspectos. Tendo em vista esse distanciamento, tem-se identificado uma série de problemas, como, por exemplo: i) a homogeneização dessas políticas e programas, que tendem a ignorar desigualdades e diversidades entre as diferentes subunidades de ação; ii) a sua falta de sensibilidade para necessidades reais e concretas e consideração das mesmas como abstrações genéricas; iii) a consequente proposição de generalizações, sem potencial de explicação da realidade, e de inspiração e de ação sobre ela; iv) a burocratização e hierarquização de controles e consequente reforço a ações corporativistas.

Tais condições são consideradas como responsáveis pela falência do modelo predominante de administração educacional, caracterizado por um alto grau de ineficiência e ineficácia traduzidos nos elevados índices de repetência e evasão escolar, acentuando os índices de distorção idade-série e de exclusão da escola de um grande segmento da população (COSTA, MAIA & MANDEL, 1997), apesar de esforços paralelos para diminuí-los.

Em vista disso, conforme indicado por Costa, Maia & Mandel (1997: 17), tem sido incentivada a busca de novas e inovadoras formas de gestão "que substituam a excessiva centralização por procedimentos que garantam uma ação educacional efetiva". No entanto, cabe apontar a limitação dessa proposição, que a vê não como uma mudança de paradigma, mas apenas como uma estratégia cujo objetivo utilitário seria o de "propiciar condições necessárias para que os sistemas de ensino alcancem metas de desempenho superiores às décadas anteriores (1960/1970)". Portanto, sem alterar concepções e princípios orientadores das ações correspondentes.

A descentralização, é importante destacar, constitui-se em uma das evidências de mudança de paradigma, pela qual se reconhece como legítima, necessária e importante, a consideração e a participação, em acordo com princípios democráticos, daqueles que irão atuar em um programa ou organização, de contribuir com a determinação dos aspectos referentes a essa atuação. A partir dessa consideração, promove-se a autêntica e genuína mobilização dos agentes de mudança como sujeitos e, portanto, com condições de transformar a realidade, transformando-se também e, dessa forma, criando condições de sustentação das mudanças alcançadas.

Ela pressupõe, portanto, o respeito aos princípios democráticos, em seu sentido pleno; a valorização das pessoas envolvidas em instituições; a crença de que as mudanças institucionais significativas se processam a partir de seu desempenho dessas pessoas, decorrendo daí uma das dimensões de sua importância; e o entendimento de que o desenvolvimento da competência das pessoas em assumir tais responsabilidades contribui de forma significativa para a sustentação das mudanças promovidas. Ela também implica na adoção de orientações e posturas em todos os âmbitos e aspectos, compatíveis com esses pressupostos.

Em suma, cabe destacar que o processo educacional só se transforma e se torna mais competente na medida em que seus participantes tenham consciência de que são responsáveis pelo mesmo. Além do que, esse processo está mais de acordo com os princípios naturais de atendimento às necessidades flutuantes e mutáveis das comunidades e grupos sociais, cuja dinâmica de mudança se acentua gradativamente, demandando atenção imediata e mais próxima, e impossível de ser conhecida e atendida por um poder central.

A descentralização macro corresponde à capacidade do Estado de transferir competências, que concentra em seu campo de ação, para regiões ou municípios, de modo que sejam estes a administrar a educação (ALVAREZ, 1945). No Brasil, essa descentralização, iniciada experimentalmente por projetos-piloto do MEC, na década de 1970, tem sido desenvolvida sistematicamente, tendo sido estabelecida pela Legislação a responsabilidade prioritária dos municípios pelo ensino fundamental (Constituição Federal de 1988, Art. 211, parágrafo 2º).

No caso da gestão de sistemas de ensino, sejam estaduais, sejam municipais, corresponde à transferência dessa competência para a escola, de modo que construa sua autonomia, e a promover "o alargamento da responsabilidade por parte da escola, a participação da comunidade escolar no funcionamento da escola e a existência inequívoca de uma liderança pedagógica exercida em grupo" (ALVAREZ, 1995: 41).

No caso da gestão da escola, corresponde a dar vez e voz e envolver na construção e implementação do seu projeto político-pedagógico a comunidade escolar como um todo: professores, funcionários, alunos, pais e até mesmo a comunidade externa da escola, mediante uma estratégia aberta de diálogo e construção do entendimento de responsabilidade coletiva pela educação.

A realidade educacional é dinâmica e complexa, não sendo possível prever em um âmbito central todos os processos e ações necessárias para o seu desenvolvimento.

No Quadro 03 são explicitadas algumas das tendências da passagem da centralização da autoridade para a sua descentralização, como aspectos inerentes ao processo de construção de autonomia e responsabilidade local por processos e respectivos resultados.

Quadro 03 – Passagem da centralização da autoridade para a sua descentralização

• Construção de mecanismos externos de controle da gestão. • Tomada de decisão distante do âmbito de ação. • Competências técnicas localizadas de forma especializada em âmbito central.	• Construção de mecanismos de autonomia de gestão, pela unidade de atuação. • Tomada de decisão próxima do ambiente de ação. • Competências técnico-políticas construídas e disseminadas por todo sistema.

2.4. Da ação episódica por eventos para o processo dinâmico, contínuo e global

É possível identificar que a realização de ações episódicas está associada à falta de visão de conjunto e de pensamento estratégico em relação aos processos educacionais. Essa falta, aliás, sustenta a atuação orientada por demandas e pressões imediatistas, pelo ativismo e pela síndrome de "apagar incêndios" cuja ocorrência, aliás, é comumente considerada como sendo resultado do sistema e não da orientação e modo de agir espontaneísta de pessoas, com enfoque reativo, visando resultados próximos.

No entanto, é reconhecido e continuamente reafirmado por educadores que "educação é um processo longo e contínuo". Esse entendimento remete a que se supere, portanto, a tendência de agir episodicamente, de modo centrado em eventos, em casuísmos, que resultam na construção de rotinas vazias de possibilidade de superação das dificuldades do cotidiano[24].

É necessário prestar atenção a cada evento, circunstância e ato, como parte de um conjunto de even-

---

24. A respeito dessas proposições, cabe destacar duas questões: 1) muitos educadores, ao afirmarem que a educação é um processo longo e contínuo, não estão querendo evidenciar o seu aspecto estratégico de longo alcance e sim justificar a própria dificuldade em evidenciar resultados educacionais de seu trabalho, quando solicitados; ou de compreendê-los objetivamente, para além do discurso da generalidade; 2) a metodologia de projetos, que se encontra em grande evidência no ensino, tem sido caracterizada, em diferentes projetos, por práticas fragmentadoras de aprendizagens; muitas vezes os projetos são marcados por um "ativismo", pelo qual o importante são as atividades realizadas e o envolvimento do aluno na sua realização e não, a partir da experiência, a sistematização e organização de aprendizagens e sua associação com aprendizagens já sistematizadas no corpo de saber organizado e nas aprendizagens anteriores dos alunos.

tos, circunstâncias e atos que devem ser orientados para resultados em curto, médio e longo prazos. Isso porque as menores ações produzem consequências que vão além do horizonte próximo e imediato. "Pense grande e aja no pequeno" é a afirmação de Amyr Klink (1993), navegador solitário de grande notoriedade que, para obter sucesso em seus empreendimentos ousados e corajosos, valoriza cada pequeno detalhe em seu potencial de contribuir para, ou prejudicar, a realização de sua meta maior.

A compreensão da visão, missão, valores e princípios assumidos pela escola, assim como dos seus objetivos e metas, constitui-se em condição para o estabelecimento da unidade entre as diferentes ações educacionais, de modo a dar o sentido de continuidade entre elas e obter resultados mais amplos e consistentes.

A necessidade de visão de conjunto se fundamenta no fato de que "é impossível modificar um elemento em uma cultura sem alterar todos os outros" (FERGUSON, 1993: 180), tendo em vista que estão todos associados. Por outro lado, o conjunto interligado de elementos, ações e intervenções é que, ao longo do tempo, estabelecem a continuidade do processo educacional fundamental para a formação dos alunos. A clareza da concepção paradigmática subliminar à gestão educacional oferece um pano de fundo que dá consistência ao conjunto de ações, de modo a atribuir-lhe o caráter de processo contínuo e global.

> As organizações e sistemas são formados por uma rede de relações de pessoas, ideias e ações de cuja articulação dependem seu desenvolvimento e a realização de seus objetivos.

Algumas tendências da superação da ação episódica e por eventos, para o enfoque sobre processos dinâmicos, contínuos e globais são destacadas no Quadro 04.

Quadro 04 – Superação da ação episódica por eventos para o processo dinâmico, contínuo e global

• Orientação de ações por visão exclusivamente de curto prazo. • Ação motivada e impulsionada por circunstâncias e pressões do momento. • Ações isoladas, localizadas e fechadas em si. • Enfoque sobre objetivos operacionais, considerados como uma sequência de ações de caráter cumulativo.	• Orientação de ações por visão de curto, médio e longo prazos. • Ação motivada e impulsionada por visão de futuro. • Ações interligadas, associadas entre si e reforçando-se reciprocamente. • Ação orientada por objetivos formadores, e expressos por objetivos operacionais, considerados como um conjunto interativo cujo significado emana dos objetivos formadores.

2.5. Da burocratização e da hierarquização para a coordenação e horizontalização

Segundo Weber, conforme citado por Sergiovanni & Starratt (1986), as organizações burocráticas apresentam certas características para garantir seu bom funcionamento, de acordo com seu padrão de formalidade. Dessa forma, uma organização é eminentemente burocrática na medida em que:

a) caracterize-se por organização contínua de funções limitadas por regras;

b) apresente esfera específica de competência para cada função;

c) o conjunto de funções seja organizado segundo uma hierarquia claramente definida;

d) haja um conjunto de normas e regulamentos específicos e claramente descritos e conhecidos por todos, para o conjunto e para cada uma das funções;

e) os meios de produção e de administração sejam segmentados de modo que não haja, em cada um dos setores, o sentido de propriedade sobre os resultados;

f) haja seleção de candidatos ao exercício das funções específicas, em acordo com sua competência técnica específica.

Essas características passam a ser consideradas como um valor por si mesmas e, muitas vezes, embora com função-meio, com capacidades limitadas, passam a ser consideradas como fins em si mesmas. Assim, em muitas unidades de trabalho educacional, é possível identificar situações em que necessidades educacionais dinâmicas, com situações emergentes imprevisíveis, deixam de ser atendidas, em nome da divisão de funções e tarefas, do princípio de autoridade formal, da cobrança de respeito a normas e regulamentos, como valores em si mesmos. Segundo elas, "os regulamentos, os especialistas, os cargos burocráticos, os procedimentos controladores, a centralização pressionam os indivíduos no interior da organização" (CARDOSO, 1995: 79).

A crescente complexidade do trabalho pedagógico levou à instituição de funções diferenciadas nos sistemas de ensino e nas escolas, sendo elas atribuídas a profissionais diversos. No entanto, nem sempre os membros da organização educacional estiveram preparados para essas formas mais complexas de ação, em vista do que passaram a simplificá-las e a estereotipá-las, burocratizando-as e estabelecendo, desnecessariamente, hierarquias e segmentações inadequadas que passaram a ser valorizadas como um fim em si mesmas. Assim, o que poderia ter correspondido a um avanço na educação promoveu um dispêndio de recursos e de energia, sem resultados positivos.

Um depoimento de uma supervisora retrata sua frustração em relação à burocracia instalada na educação: "minha expectativa como supervisora era a de poder contribuir para a melhoria do ensino. No entanto, 35 dias após minha posse e exercício na função, trabalhei, corri, constatei que não estou preparada para driblar a burocracia toda que cerca a escola e não consegui fazer quase nada pelo ensino. Nem uma reunião com os professores! Aluno, então, nem cheguei perto!" (SILVA, 1995: 97)

Cabe lembrar que a burocracia não é uma entidade em si, com vida própria e colocada sobre todas as coisas. Ela é criada e/ou mantida por nós, pela nossa maneira de ver e agir na realidade, a partir de nosso ideário, nossos valores e interesses. Quando tomamos, por exemplo, uma legislação em seu aspecto operacional e meramente normativo, o que fazemos é procurar cumprir a letra da lei, procurando os escapes possíveis para burlá-la, naquilo que nos interessar. Portanto, as normas, os regulamentos, as leis passam a ser tomados como um valor em si, e por isso um fim em si mesmos, criando formalismos burocráticos e burocratizantes, gerando ativismos e matando o espírito inspirador de ações construtivas.

No entanto, a burocracia tem sido vista como "um lindo mecanismo para se esquivar de responsabilidades e culpas" (FERGUSON, 1993: 183) e seus mecanismos são utilizados para justificar omissões e falta de compromisso com a promoção de avanços educacionais nos mais variados contextos, sobretudo no âmbito da gestão de sistemas de ensino. Na medida em que há a acentuação da burocratização, ocorre a acentuação da hierarquização, associada à criação de níveis de burocratas, cujas responsabilidades maiores se tornam as de atuarem como "zeladores" de normas e regulamentos estabelecidos[25] e legitimam a sua posição e o seu trabalho.

Hierarquia pressupõe um poder de influência unidirecional, de cima para baixo e de fora para dentro. No entanto, as mudanças advindas pela tecnologia da comunicação, assim como de outras tecnologias, produziram modificação de costumes, de posturas e até mesmo de valores (GRACINDO & KENSKY, 2001), criando e estabelecendo novas formas de poder de influência que atuam, ao mesmo tempo, horizontalmente e verticalmente, assim como de baixo para cima e de cima para baixo, quebrando linearidades e estabelecendo circularidades e reciprocidades.

---

25. É interessante lembrar a esse respeito o registro de uma tendência a utilizar normas, regulamentos e leis como impedimentos de ação e não como inspiradores de ação. Observamos entre nós que, quando membros da sociedade não pretendem seguir as limitações legais, a lei não pega. Todos conhecem a cínica afirmação no sentido de que "para os meus amigos tudo, para os meus inimigos a lei". Vale destacar que esta atitude sugere uma absoluta falta de responsabilidade social, e a falta de entendimento do papel das leis como o de estabelecer elementos reguladores que permitem a convivência e a atuação coletiva articulada de pessoas em uma sociedade. Sem leis, normas e regulamentos para orientar os processos sociais, nenhuma sociedade pode tornar-se democrática.

Gestão educacional: Uma questão paradigmática

O exagero da burocracia e da hierarquia teve como consequência, no dia a dia dos sistemas de ensino e das unidades escolares, a circunscrição de responsabilidade, com foco no exercício de tarefas e funções consideradas em si. Expressando tal atitude, ouve-se, por exemplo, afirmar: "vamos fazer, porque a diretora disse!"; de ver-se uma secretária escolar não sair da secretaria, ou se o faz, para, por exemplo, dar atendimento a um aluno, considera como ação imprópria e inadequada ao seu trabalho, porque essa não é a sua função. Uma situação exemplifica essa atitude: Em uma escola pequena em que a servente responsável pela limpeza faltou, por ter ficado doente, as salas foram encontradas, pelas professoras, sujas e desarrumadas. Uma das professoras, ao ver a situação, negou-se a dar aula, alegando falta de condições para tal. O curioso é também verificar que essa professora não julgava como parte de seu trabalho educar os alunos para manterem limpa a sua sala de aula e que não percebia como estes deixavam sujas as salas, assim como ela mesma contribuía para essa sujeira, pisando em pedaços de giz que derrubava e não juntava.

A superação da visão burocrática e hierarquizadora de funções e posições, evoluindo para uma ação coordenada e horizontalizada[26], passa, necessariamen-

---

26. Ver o significado da horizontalização em nota de rodapé à p. 52.

te, pelo desenvolvimento e aperfeiçoamento da totalidade dos membros do estabelecimento de ensino, na compreensão da complexidade do trabalho educacional e percepção da importância da contribuição individual de todos, em articulação com os demais, para a realização dos objetivos comuns da educação e da organização coletiva.

Parodiando a afirmação de Kurt Lewin, no sentido de que o conjunto é muito maior que a soma das partes (OSÓRIO, 2000), Ferguson (1993) afirmou que a burocracia é menor que a soma das partes, constituindo-se, portanto, em um conjunto de ações cujos resultados serão sempre menores do que o conjunto de esforços. Logo, a superação desse enfoque se torna fundamental para a efetivação do ideário e objetivos educacionais.

> A flexibilidade, a criatividade, e a ação crítica e construtiva são componentes fundamentais do processo educacional, que demanda, para isso, apenas uma burocracia mínima para sua organização.

Pode-se observar no Quadro 05, a seguir, alguns destaques em relação à mudança paradigmática da burocratização e hierarquização, para a coordenação e horizontalização.

Quadro 05 – Mudança da hierarquização e burocratização para a coordenação e horizontalização

• Relacionamento impessoal. • Hierarquia verticalizada/ subordinação. • Ênfase na uniformidade das partes na formação do todo. • Univocidade, na determinação de rumos. • Departamentalização de responsabilidades, pela divisão e especialização de tarefas. • Preocupação com a formalidade – formalismo. • Pessoas a serviço das organizações. • Foco no cumprimento de normas e regulamentos. • Unidade de trabalho: a função a ser executada.	• Relacionamento interpessoal. • Horizontalização do relacionamento – coordenação. • Ênfase na diversidade das partes, para formar a unidade do todo. • Diversidade de vozes, na determinação de rumos. • Responsabilidades compartilhadas em comum por todos os setores e profissionais. • Preocupação com processos e resultados. • Organizações a serviço das pessoas. • Foco no desenvolvimento, na aprendizagem e construção da organização. • Unidade de trabalho: o resultado a ser alcançado.

2.6. Da ação individual para a coletiva

A prática individualizada e mais ainda a individualista e competitiva, empregadas em nome da defesa de áreas e territórios específicos – muitas vezes expressas de forma camuflada e sutil –, evidenciam-se como negativas para a realização de objetivos organizacionais e sociais na educação. No entanto, observa-se tal tipo de comportamento em escolas e nos diversos setores de gestão do sistema de ensino. Em ambos os contextos, é possível observar a ação competitiva de diferentes profissionais da educação, na luta por espaço, poder e capacidade de autodeterminação sem a menor orientação por objetivos organizacionais. Na escola, verifica-se o isolamento que professores assumem, em nome de sua autonomia didática, fechando-se em torno de sua turma ou de sua matéria, sem se esforçar por integrar o seu trabalho com o dos demais colegas e sem se esforçar em participar das questões abrangentes da escola, desconsiderando que é necessário trabalho conjunto para que a ação docente seja efetiva.

Em órgãos dos sistemas de ensino, é possível identificar em diferentes departamentos ou outro tipo de unidade de atuação a focalização nos seus objetivos específicos, sem pensar no conjunto das ações em âmbito macro, de que resulta o paralelismo de intervenções sobre a escola, que passa a ser bombardeada por demandas e influências de diferentes frentes, o que faz com que esta instituição julgue impraticável ter seu projeto próprio de desenvolvimento. É comum a reclamação por parte de profissionais de escolas, sobretudo as de sistemas estaduais, a respeito dessa situação. Assim se expressou uma diretora de escola a respeito: "Cada setor da secretaria pensa que é o único e que nós estamos aqui apenas para atender as suas demandas. Como eles não se falam, não se entendem e não entendem a responsabilidade da escola, ficamos perdidos sem saber o que fazer primeiro. Temos que fazer o que eles pedem e deixamos de prestar atenção ao projeto pedagógico da escola."

Aliás, condição semelhante é registrada nos estabelecimentos de ensino em que não há coordenação pedagógica efetiva do trabalho dos seus professores. Os alunos apontam problema semelhante em relação às demandas de seus professores. Um depoimento de um aluno do Ensino Médio, muito semelhante a esse, identifica o fato: "gostaríamos que os professores se falassem e entendessem que não são os únicos. Cada um acha que sua matéria é a mais importante, e, assim, um dia eles não passam tarefa nenhuma, e, noutro, todos solicitam trabalhos ao mesmo tempo".

Ferguson (1993: 184) destaca que o indivíduo "...que existe em si, para si e apenas para aqueles que são mais chegados, perdeu seu país". Este comportamento é possível observar naqueles que buscam no trabalho apenas uma oportunidade de sustento e não um meio de, mediante a realização de contribuição social, a partir de seu trabalho, buscar o sustento como uma forma de desenvolver-se como pessoa, como uma forma de firmar sua identidade como cidadão, dentre outros aspectos. O individualismo, quando coletivizado, cria o corporativismo, caracterizado por um "espírito de corpo" na defesa inquestionável de membros do grupo, até mesmo em casos de negligência ou incompetência, que são justificadas e, portanto, mantidas como legítimas, em detrimento da cidadania. Ênio Resende (1992) identifica esse comportamento como caracterizado por conivência e condescendência, dois comportamentos muito comuns em escolas e sistemas de ensino.

Observa-se, no entanto, que, gradualmente se desenvolve a compreensão das limitações e até mesmo do caráter pernicioso de tais posturas, que passam a ser superadas, mediante o entendimento de sua inadequação e da necessidade de uma ação coletiva pela qual, no final, todos saem ganhando, aprimorando-se no exercício da democracia ativa e da socialização como forma de desenvolvimento ao mesmo tempo individual e social, de pessoas individualmente e coletivamente, de pessoas e das instituições de que fazem parte.

Essa transição é sustentada pela consciência do valor de alguns pressupostos a seguir apresentados: i) o ser humano é um ser social e só se desenvolve plenamente, a partir de sua interação produtiva com as demais pessoas; ii) a educação é um processo interativo-social orientado para a formação de pessoas como seres sociais; iii) a educação é um processo marcado pela complexidade, por envolver inúmeras dimensões, demandando ação conjunta e articulada; iv) a complexidade educacional demanda organizações escolares bem articuladas mediante ação conjunta e colaborativa; v) pessoas atuam de maneira mais feliz e produtiva, e realizam seu potencial, quando o fazem de maneira colaborativa, pela troca e compartilhamento; vi) o acolhimento e aproveitamento da pluralidade e diversidade são condições de desenvolvimento pessoal e das organizações; vii) uma sociedade democrática se realiza a partir de responsabilidade e práticas de construção conjunta; viii) problemas globais e complexos demandam ação conjunta e articulada de pessoas com pluralidade de perspectivas.

A democratização dos processos de gestão da escola, estabelecida na Constituição Nacional, na Lei de Diretrizes e Bases da Educação Nacional (Lei 9.394/96) e no Plano Nacional de Educação acentua a necessidade da ação coletiva compartilhada. A descentralização dos processos de organização e tomada de decisões em educação e a consequente construção da autonomia da escola demandam o desenvolvimento de espírito de equipe e noção de gestão compartilhada nas instituições de ensino, em todos os níveis.

A própria concepção de gestão educacional como um processo de mobilização do talento e da energia humana, necessários para a realização dos objetivos de promover nas instituições educacionais experiências positivas e promissoras de formação de seus alunos, demanda a realização de trabalho conjunto e integrado. Por outro lado, é importante considerar que a sinergia de grupo em instituições educacionais constitui-se em forte elemento cultural que, por seus processos, educa e forma os seus alunos.

Evidencia-se, porém, que o desempenho de uma equipe depende da capacidade de seus membros de trabalharem em conjunto e solidariamente, mobilizando reciprocamente a intercomplementaridade de seus conhecimentos, habilidades e atitudes, com vistas à realização de responsabilidades comuns. Sem estas condições, de pouco adiantaria o talento de pessoas nelas atuantes, uma vez que pessoas talentosas nem sempre formam equipes talentosas. Por outro lado, a mobilização e o desenvolvimento dessa capacidade depende da capacidade de liderança de seus gestores.

Destaca-se ainda que indivíduo e sociedade são inseparáveis, uma vez que o caráter social é a grande característica humana, em vista do que "pessoas e sociedade se encontram unidas, como mente e corpo" (FERGUSON, 1993: 179). Não se nega a importância e o valor dos indivíduos, que são os elementos organizadores e reguladores dos processos sociais, e já que toda mudança no conjunto passa por mudanças nos indivíduos. Evidencia-se, sim, o fato de que é no conjunto que esse valor e importância ganham expressão e significado.

> O processo educacional se assenta sobre o relacionamento de pessoas, orientado por uma concepção de ação conjunta e interativa.

Alguns destaques em relação à passagem do enfoque da ação individual para a coletiva são apresentados no Quadro 06, a seguir, como exemplos dessa passagem.

Quadro 06 – Passagem da ação individual para a coletiva

• Orientação por foco de interesses individuais e corporativos. • Consideração à autonomia como direito e condição dada. • Reforço à competência técnica individual.	• Orientação por consciência de responsabilidade coletiva e social, com ideário e objetivos educacionais. • Autonomia percebida como conquista e fato circunstancial. • Reforço à competência social.

3
Relação entre administração e gestão:
Uma concepção integrada e interativa

> *Só quem se colocou no meio de dois extremos pode vê-los e avaliá-los ambos ao mesmo tempo, isto é, observar o Céu em função da Terra e a Terra, em função do Céu* (UBALDI, 1986: 30).

Após o destaque das mudanças de um enfoque para outro, é importante esclarecer que este foi realizado quase que como um processo de curvatura da vara, pois que, para corrigir uma postura limitada, pode-se enfatizar radicalmente o seu oposto de se promover a dissociação e muito menos a competição excludente de enfoques. A intenção não foi esta, no entanto, uma vez que o destaque teve objetivo de organização didática. Não se pretendeu estabelecer uma polarização entre duas dimensões e sim apontar características das duas e esclarecer que, na realidade, o que existe é uma dinâmica interativa entre ambas, por vezes até mesmo marcada por tensões. Pode-se afirmar que ambas estão certas e são úteis, na perspectiva apropriada (FERGUSON, 1993). Reconhece-se que dessa dinâmica, e de sua resolução equilibrada, depende a qualidade do ensino. Pretendeu-se evidenciar o reconhecimento da importância dessa segunda dimensão como extremamente importante no atual contexto da educação e das organizações em geral e a necessidade de superar rapidamente as limitações da primeira, quando consideradas como um valor em si mesmas. O que ocorre na realidade é uma dialética de forças contraditórias e conflitantes, mesmo porque os níveis de consciência dos que atuam nas organizações educacionais são extremamente diversos, cada um compreendendo de uma forma o valor e o significado das ideias e processos sociais[27], em torno da realização da educação.

A ideia por trás dessa análise foi a de evidenciar concepções limitadas e apontar outras de caráter mais amplo e significativo para promover o desenvolvimento das organizações educacionais e a transformação de suas práticas. Evidencia-se, pois, a importância de reconhecermos que "enquanto não deixarmos de negar as falhas e de esconder a inquietação, enquanto não confessarmos a estupefação e alienação, não po-

---

27. Esta situação aponta para a necessidade de se promover a realização de programas de capacitação, em equipe, de profissionais da educação que atuam em uma mesma unidade de trabalho, para que, pela reflexão e análise em conjunto das questões de seu trabalho, a partir de um ideário avançado, desenvolvam uma linguagem e entendimento comum dos seus desafios e dos fundamentos e processos adequados para enfrentá-los, e assumam, coletivamente, as iniciativas necessárias para fazer avançar significativamente a qualidade do ensino.

demos dar os próximos passos necessários" (FERGUSON, 1993: 180).

É importante, também, reconhecer como básico que todos esses aspectos e dimensões estão intimamente associados e se reforçam reciprocamente e que, como já destacado, "é impossível modificar um elemento em uma cultura sem alterar todos os outros" (FERGUSON, 1993: 180). Mesmo porque a verdade e a realidade são abrangentes, em vista do que, sua essência não reside nem num enfoque, nem noutro; nem numa dimensão nem noutra, muito menos na predominância de uma sobre a outra; reside, sim, no processo dinâmico de interação entre eles (NOT, 1981).

Realizamos análises não apenas para conhecer a realidade, mas para agir sobre ela de modo consistente, o que demanda visualizá-la, a partir da síntese integradora das análises feitas. Não se trata, simplesmente, da síntese que reúne, de forma apenas justaposta, duas teses opostas, mas sim, a que se destaca, ultrapassando tanto uma quanto a outra, caracterizada por um processo ao mesmo tempo renovado e assentado em bases sólidas.

Na realidade, o que acontece, conforme nos é indicado por Morin (1987), é por vezes uma tensão dialética e por outras uma circularidade complementar entre essas duas visões que se interpenetram e se influenciam reciprocamente. Isso porque uma nova visão da realidade altera a visão anterior e, ao mesmo tempo, ajusta-a para incorporar-se à nova visão.

Com objetivos meramente didáticos, portanto, são a seguir sistematizadas as principais diferenciações entre a administração e a gestão, que devem ser lidos a partir de um esforço de entendê-las como parte de um *continuum* de uma mesma realidade, que pode se manifestar, com maior ou menor intensidade, de um lado ou de outro.

3.1. Uma diferenciação de pressupostos

Certos pressupostos e entendimentos sobre processos sociais fundamentam e orientam posturas dos que são responsáveis pelos destinos de uma unidade do trabalho educacional, conforme destacado no Quadro 07, a seguir.

Quadro 07 – Mudança de paradigma de administração para gestão
Pressupostos e processos sociais

ADMINISTRAÇÃO	GESTÃO
• A realidade é considerada como regular, estável e permanente e, portanto, previsível.	• A realidade é considerada como dinâmica e em movimento e, portanto, imprevisível.

• Crise, ambiguidade, contradições e incerteza são consideradas como disfunções e, portanto, forças negativas a serem evitadas, por impedirem ou cercearem o seu desenvolvimento. • A importação de modelos que deram certo em outras organizações é considerada como a base para a realização de mudanças. • As mudanças ocorrem mediante processo de inovação, caracterizado pela importação de ideias, processos e estratégias impostos de fora para dentro e de cima para baixo. • A objetividade e a capacidade de manter um olhar objetivo sobre a realidade não influenciado por aspectos particulares determinam a garantia de bons resultados. • As estruturas das organizações, recursos, estratégias, modelos de ação e insumos são elementos básicos da promoção de bons resultados.	• Crise, ambiguidade e incerteza são consideradas como elementos naturais dos processos sociais e como condições de aprendizagem, construção de conhecimento e desenvolvimento. • Experiências positivas em outras organizações servem como referência à reflexão e busca de soluções próprias e mudanças. • As mudanças ocorrem mediante processo de transformação, caracterizada pela produção de ideias, processos e estratégias, promovidos pela mobilização do talento e energia internos, e acordos consensuais. • A sinergia coletiva e a intersubjetividade determinam o alcance de bons resultados. • Os processos sociais, marcados pelas contínuas interações de seus elementos plurais e diversificados, constitui-se na energia mobilizadora para a realização de objetivos da organização.

Gestão educacional: Uma questão paradigmática

Administração	Gestão
• A disponibilidade de recursos a servirem como insumos constitui-se em condição básica para a realização de ações de melhoria. Uma vez garantidos os recursos, decorreria o sucesso das ações. • Os problemas são considerados como sendo localizados, em vista do que podem ser erradicados. • O poder é considerado como limitado e localizado; se repartido, é diminuído.	• Recursos não valem por eles mesmos, mas pelo uso que deles se faz, a partir dos significados a eles atribuídos pelas pessoas, e a forma como são utilizados, podendo, portanto, ser maximizados, pela adoção de óptica proativa. • Os problemas são sistêmicos, envolvendo uma série de componentes interligados. • O poder é considerado como ilimitado e passível de crescimento, na medida em que é compartilhado.

Fonte: Heloísa Lück – vinhetas de aulas.

3.2. Uma diferenciação de organização de ações

A partir de pressupostos e entendimentos anteriormente destacados, os responsáveis por uma unidade de trabalho educacional adotam certas formas de organização de ação. Essa organização é estabelecida a partir de certos entendimentos e princípios, fundamentais na determinação de sua efetividade.

O Quadro 08, a seguir, destaca esses aspectos, em relação aos dois paradigmas.

Quadro 08 – Mudança de paradigma de administração para gestão
Organização e ações dos dirigentes

ADMINISTRAÇÃO	GESTÃO
• O direcionamento do trabalho consiste no processo racional, exercido objetivamente de fora para dentro, de organização das condições de trabalho e do funcionamento de pessoas, em um sistema ou unidade social. • Ao administrador compete manter-se objetivo, imparcial e distanciado dos processos de produção, como condição para poder exercer controle e garantir seus bons resultados. • Ações e práticas que produzem bons resultados não devem ser mudadas, a fim de que estes continuem sendo obtidos.	• O direcionamento do trabalho consiste no processo intersubjetivo, exercido mediante liderança, para a mobilização do talento humano coletivamente organizado, para melhor emprego de sua energia e de organização de recursos, visando à realização de objetivos sociais. • Ao gestor compete envolver-se nos processos sob sua orientação, interagindo subjetivamente com os demais participantes, como condição para coordenar e orientar seus processos e alcançar melhores resultados.

GESTÃO EDUCACIONAL: UMA QUESTÃO PARADIGMÁTICA

ADMINISTRAÇÃO	GESTÃO
• A autoridade do dirigente é centrada e apoiada em seu cargo. • O dirigente exerce ação de comando, controle e cobrança. • A responsabilidade maior do dirigente é a de obtenção e garantia de recursos necessários para o funcionamento perfeito da unidade. • O dirigente orienta suas ações pelo princípio da centralização de competência e especialização da tomada de decisões. • A responsabilidade funcional é definida a partir de tarefas e funções. • Avaliação e análise de ação e de desempenho são realizados com foco em indivíduos e situações específicas, considerados isoladamente, visando identificar problemas. • O importante é fazer mais, em caráter cumulativo.	• A alteração contínua de ações e processos é considerada como condição para o desenvolvimento contínuo; a sua manutenção, mesmo que favorável, leva à estagnação. • A autoridade do dirigente é centrada e apoiada em sua competência e capacidade de liderança. • O dirigente exerce ação de orientação, coordenação, mediação e acompanhamento. • A responsabilidade maior do dirigente é a sua liderança para a mobilização de processos sociais necessários à promoção de resultados. • O dirigente orienta suas ações pelo princípio da descentralização e tomada de decisão compartilhada e participativa. • A responsabilidade funcional é definida a partir de objetivos e resultados esperados com as ações.

	• Avaliação e análise de ação e de desempenho são realizadas com foco em processos, em interações de diferentes componentes e em pessoas coletivamente organizadas, todos devidamente contextualizados, visando identificar desafios. • O importante é fazer melhor em caráter transformador.

Fonte: Heloísa Lück – vinhetas de aulas.

4
Palavras finais

Ao se adotar o conceito de gestão, assume-se uma mudança de concepção a respeito da realidade e do modo de compreendê-la e de nela atuar. Cabe ressaltar, portanto, que, com a denominação de gestão, o que se preconiza é uma nova óptica de organização e direção de instituições, tendo em mente a sua transformação e de seus processos, mediante a transformação de atuação, de pessoas e de instituições de forma interativa e recíproca, a partir de uma perspectiva aberta, democrática e sistêmica. Esta se constitui em condição para a melhoria de funcionamento do sistema de ensino e suas instituições escolares, de modo que sejam efetivas na promoção da educação de seus alunos. Evidenciam-se diferenças marcantes entre a concepção de administração e a de gestão, apontando-se as limitações da administração e como a gestão as supera. Não se pretende, no entanto, fazer tábula rasa e reduzir o significado da administração e minimizá-lo sugerindo que muitos dos cuidados enfatizados pela sua prática seriam inadequados. Isso porque, conforme indicado, bons processos de gestão dependem e se baseiam em processos e cuidados de administração bem resolvidos. A administração constitui um conceito e conjunto de ações fundamentais para o bom funcionamento de organizações, por estabelecer as condições estruturais básicas para o seu funcionamento. Daí ser incorporada pela gestão em seu escopo, como gestão administrativa.

Cabe lembrar que apenas mudar denominações, sem o aprofundamento da compreensão do significado dessa mudança e suas implicações em relação a um novo modo de ser e de agir, em si nada representa. É necessário que a nova forma de representação denote atuação diferenciada, criativa e efetiva, no sentido de orientar a educação por processos de organização, coordenação e mobilização competentes, a partir de novos significados. Mas, negar ou menosprezar tudo o que a óptica anterior representa, corresponderia a negar uma dimensão básica da realidade, já que uma nova óptica é sempre desenvolvida para superar a anterior, mantendo por base os seus componentes, para determinar o desenvolvimento e a evolução a um estágio mais amplo e abrangente de ação e da realidade.

Portanto, na mudança paradigmática, o que ocorre não é uma substituição de um enfoque por outro, pois na medida em que isso seja feito, nega-se uma dimensão da realidade, mesmo que limitada, por outra que, pelo enfoque da substituição (que corresponde ao da negação), se torna igualmente limitada. A gestão, em vista disso, se assenta sobre bons procedimentos de administração bem resolvidos e os supera mediante ações de sentido mais amplo, maior compromisso de pessoas com processos sociais. Dessa forma, constroem-se perspectivas promissoras de transformação das instituições e práticas educacionais, concomitantemente com a transformação das próprias pessoas.

Aos gestores educacionais e escolares compete, portanto, compreender tais perspectivas e respectivos processos, de modo a desenvolverem sua competência para liderarem com a unidade de ação sobre a qual têm responsabilidade.

> Gestão educacional corresponde ao processo de gerir a dinâmica do sistema de ensino como um todo e de coordenação das escolas em específico, afinado com as diretrizes e políticas educacionais públicas, para a implementação das políticas educacionais e projetos pedagógicos das escolas, compromissado com os princípios da democracia e com métodos que organizem e criem condições para um ambiente educacional autônomo (soluções próprias, no âmbito de suas competências) de participação e compartilhamento (tomada de decisões conjunta e efetivação de resultados), autocontrole (acompanhamento e avaliação com retorno de informações) e transparência (demonstração pública de seus processos e resultados).

Gestão educacional: Uma questão paradigmática

> A gestão educacional abrange, portanto, a articulação dinâmica do conjunto de atuações como prática social que ocorre em uma unidade ou conjunto de unidades de trabalho, que passa a ser o enfoque orientador da ação organizadora e orientadora do ensino, tanto em âmbito macro (sistema) como micro (escola) e na interação de ambos os âmbitos.

Referências bibliográficas

ALVAREZ, Manuel. Autonomia da escola e profissionalização da direção escolar. **Inovação**: administração escolar. Vol. 8, n. 1 e 2, p. 41-56, 1995.

CARDOSO, Heloísa. Supervisão: um exercício de democracia ou autoritarismo? In: ALVES, Nilda (org.). **Educação e supervisão**: o trabalho coletivo na escola. 7. ed. São Paulo: Cortez, 1995, p. 71-96.

CABRAL, Vera Lúcia Costa; MAIA, Eny Marisa & MANDEL, Lúcia Mara. **Gestão educacional e descentralização**: novos padrões. São Paulo: Fundaf e Cortez, 1997.

CAPRA, Fritjof. **Sabedoria incomum**. São Paulo: Cultrix, 1993.

COLOMBO, Sônia Simões (org.). **Gestão educacional**: uma nova visão. Porto Alegre: Artmed, 2004.

DELORS, Jacques. **Educação**: um tesouro a descobrir. 3. ed. São Paulo: Cortez/Brasília: MEC/ Unesco, 1999.

DEMO, Pedro. **Participação é conquista**. 5 ed. São Paulo: Cortez, 2001.

FERGUSON, Marilyn. **A conspiração aquariana**: transformações pessoais e sociais nos anos 60. 8. ed. Rio de Janeiro: Record, 1993.

GRACINDO, Regina Vinhaes & KENSKY, Vani Moreira. Redes e educação: um recorte político. In: FRANCO, Maria Estela Dal Pai & MOROSINI, Marília Costa. **Redes acadêmicas e produção do conhecimento em educação superior**. Brasília: Inep/Anpae/UFRGS, 2001.

KLINK, Amyr. **Planejamento organizacional**. Palestra proferida na PUC/PR. Curitiba, 1993.

KOSIK, Karel. **Dialética do concreto**. Rio de Janeiro: Paz e Terra, 1976.

KUHN, Thomas. **A estrutura das revoluções científicas**. São Paulo: Perspectiva, 1982.

LÜCK, Heloísa et al. **A escola participativa**: o trabalho do gestor escolar. 6. ed. Rio de Janeiro: DP&A, 2002.

MORIN, Edgar. Ciência com consciência. Lisboa: Publicações Europa-América, 1989.

_____. **O método I: a natureza da natureza**. Lisboa: Publicações Europa-América, 1987.

_____. **O problema epistemológico da complexidade**. Lisboa: Publicações Europa-América, 1985.

NOT, Louis. **As pedagogias do conhecimento**. São Paulo: Difel, 1981.

OECH, Roger von. **Um "toc" na cuca**. 8. ed. São Paulo: Cultura, 1993.

OSÓRIO, Luiz Carlos. **Grupos**: teorias e práticas acessando a era da grupalidade. Porto Alegre: Artmed, 2000.

PEREL, Vicente. **Administração**: passado, presente e futuro – Da formação da oficina à teoria dos sistemas. Petrópolis: Vozes, 1977.

RESENDE, Ênio. **Cidadania**: o remédio para as doenças culturais brasileiras. São Paulo: Summus, 1992.

RONCA, Antonio Carlos Caruso & GONÇALVES, Carlos Luiz M.S. A supervisão escolar: um urgente desafio. In: ALVES, Nilda (org.). **Educação e supervisão**: o trabalho coletivo na escola. 7. ed. São Paulo: Cortez, 1995, p. 29-35.

SANCHEZ VÁZQUEZ, Adolfo. **Filosofia da práxis**. Rio de Janeiro: Paz e Terra, 1986.

SENGE, Peter. **A quinta disciplina**: arte, teoria e prática da organização da aprendizagem. São Paulo: Best Seller, 1993.

SERGIOVANNI, Thomas J. & STARRATT, Robert J. **Supervisão**: perspectivas humanas. São Paulo: EPU, 1986.

SILVA Jr., Celestino Alves da. Prática e supervisão. In: ALVES, Nilda (org.). **Educação e supervisão**: o trabalho coletivo na escola. 7. ed. São Paulo: Cortez, 1995, p. 97-103.

TRECKEL, Harleigh B. **Novas perspectivas de administração**. Rio de Janeiro: Agir, 1967.

UBALDI, Pietro. **Problemas atuais**. 3. ed. Rio de Janeiro: Fundação Pietro Ubaldi, 1986.

VALÉRIEN, Jean. **Gestão da escola fundamental**: subsídios para análise e sugestões de aperfeiçoamento. 2. ed. São Paulo: Cortez/Brasília: Unesco/Mec, 1993.

Pierre Weil & Roland Tompakow

O CORPO FALA
A linguagem silenciosa da comunicação não-verbal

288 páginas

A comunicação não-verbal do corpo humano, primeiramente analisando os princípios subterrâneos que regem e conduzem o corpo. A partir desses princípios aparecem as expressões, gestos e atos corporais que, de modos característicos estilizados ou inovadores, expressam sentimentos, concepções, ou posicionamentos internos.

RELAÇÕES HUMANAS NA FAMÍLIA E NO TRABALHO

248 páginas

Um panorama tipológico da problemática das relações humanas, dando sugestões para solução. Esses problemas surgem tanto no serviço social, na administração de empresas, na educação, no matrimônio e na família, no esporte e nos partidos políticos, como em todo exercício de lideranças em geral, no comércio e na indústria.

EDITORA VOZES

Conecte-se conosco:

- facebook.com/editoravozes
- @editoravozes
- @editora_vozes
- youtube.com/editoravozes
- +55 24 2233-9033

www.vozes.com.br

Conheça nossas lojas:

www.livrariavozes.com.br

Belo Horizonte – Brasília – Campinas – Cuiabá – Curitiba
Fortaleza – Juiz de Fora – Petrópolis – Recife – São Paulo

EDITORA VOZES

VOZES NOBILIS

Vozes de Bolso

Vozes Acadêmica

EDITORA VOZES LTDA.
Rua Frei Luís, 100 – Centro – Cep 25689-900 – Petrópolis, RJ
Tel.: (24) 2233-9000 – E-mail: vendas@vozes.com.br